人力资源和社会保障工作研究

岳燕霞　林晓丽　张　璐 ◎著

吉林科学技术出版社

图书在版编目（CIP）数据

人力资源和社会保障工作研究 / 岳燕霞，林晓丽，
张璐著. -- 长春：吉林科学技术出版社，2023.5
ISBN 978-7-5744-0485-4

Ⅰ. ①人… Ⅱ. ①岳… ②林… ③张… Ⅲ. ①人力资
源管理－研究－中国②社会保障－研究－中国 Ⅳ.
①F249.21②D632.1

中国国家版本馆 CIP 数据核字(2023)第 123891 号

人力资源和社会保障工作研究

作　　者	岳燕霞　林晓丽　张　璐
出 版 人	宛　霞
责任编辑	赵　沫
幅面尺寸	185 mm×260mm
开　　本	16
字　　数	257 千字
印　　张	11.5
版　　次	2023 年 5 月第 1 版
印　　次	2023 年 5 月第 1 次印刷

出　　版	吉林科学技术出版社
发　　行	吉林科学技术出版社
地　　址	长春市净月区福祉大路 5788 号
邮　　编	130118

发行部电话/传真　0431-81629529　81629530　81629531
　　　　　　　　　　　　　81629532　81629533　81629534

储运部电话　0431-86059116

编辑部电话　0431-81629518

印　　刷　北京四海锦诚印刷技术有限公司

书　　号	ISBN 978-7-5744-0485-4
定　　价	70.00 元

前　言

　　人力资源社会保障公共服务平台是构建和谐社会的需要。构建和谐社会是我国现代化建设的重大战略任务，是国家实现全面可持续发展的基础和根本，这就需要政府从基础着手，从基层做起，满足群众的现实需求，真正关注基层群众的民生问题。全面推进公共服务体系建设是构建社会主义和谐社会的关键步骤，对于提高基层群众的生活质量，促进共同富裕有直接和重大意义。基层人力资源社会保障公共服务平台作为基层公共服务体系的重要组成部分，对于社会的和谐建设，构建群众满意型政府具有重要的促进作用，对于经济社会协调发展至关重要。

　　加强人力资源社会保障公共服务平台建设是落实科学发展观的需要。科学发展观从本质上讲，就是坚持以人为本，全面、协调、可持续的发展观，是促进经济社会和人的全面发展的发展观。基层人力资源社会保障公共服务平台建设，作为紧密联系政府与群众的平台，直接关系着基层群众的生存和发展，关系着人民生活的发展，更关系着国家的发展和长治久安。所以，加强基层人力资源社会保障公共服务平台建设是落实科学发展观的重要内容，能够使群众与政府保持良好的联系，不断满足群众的现实需求，促进国家的稳定和发展。

　　人力资源和社会保障工作是经济社会发展的重要组成部分，是构建和谐社会的重要基础。人力资源即人事，最广泛定义是指人力资源管理工作，包含人力资源规划、招聘、培训、绩效、薪酬和劳动关系等。本书从人力资源的基本概念着手，对于人力资源的方方面面进行了详细的阐述，主要内容包括员工招聘、员工培训与开发、绩效管理、薪酬管理以及劳动关系管理等。同时既系统阐述社会保障的基本理论，又与社会保障实践密切结合。本书主要对社会救济和社会福利这两项保障工作进行了探讨。社会保障关系到全体国民的切身利益，希望本书可以帮助社会工作者通过保障和改善国民生活、增进国民福利来实现整个社会的和谐发展。在撰写过程中，笔者学习和借鉴了很多同类教材，引用了大量参考文献，在此对相关作者表示感谢。由于笔者水平有限，书中难免存在不足之处，还请广大读者批评指正。

目录

第一章　人力资源的基本内容

第一节　人力资源的概念与特征

一、人力资源的概念

人力资源是指一定范围内的人口中具有智力和体力劳动能力的人的总和。它是包含在人体内的一种生产能力，并以劳动者的数量和质量来表示的资源。

人力资源是存在于人的体能、知识、技能、能力、个性行为特征与倾向等载体中的经济资源。人力资源与其他资源一样也具有物质性、可用性、有限性。

（一）物质性

人力资源的物质性是指，有一定的人口，才有一定的人力；一定的人力资源必然表现为一定的人口数量。

（二）可用性

人力资源的可用性是指，通过对体能、知识、能力、个性行为特征与倾向（如人格、价值观）的使用创造更大的价值。

（三）有限性

人力资源的有限性是指，人力资源有质和量的限制，只能在一定的条件下形成，只能以一定的规模加以利用。

这里有必要将人力资源与几个相关的概念，如人口资源、劳动力资源、人才资源相区别。人口资源是指一个国家或地区的以人口总数来表示的资源，它是其他几种资源的基础。劳动力资源是指在一个国家或地区具有劳动能力并愿意从事劳动以换取劳动报酬，在法定的劳动年龄范围之内的人力资源。人才资源是指在一个国家或地区劳动力资源中具有某种突出能力的、高智商、高素质、高技能的那部分人力资源。

二、相关概念

（一）人力资源和人口资源、人才资源

人口资源是指一个国家或地区所拥有的人口总量。它是一个最基本的资源，一切人力资源、人才资源皆产生于这个最基本的资源中，主要表现为人口的数量。

人才资源是指一个国家或地区中具有较多科学知识、较强劳动技能，在价值创造过程中起关键或重要作用的那部分人。人才资源是人力资源的一部分，即优质的人力资源。

应当说，人力资源、人口资源和人才资源这三个概念的本质有所不同，人口资源和人才资源的本质是人，而人力资源的本质则是智力和体力，从本质上来讲，它们之间并没有什么可比性。就人口资源和人才资源来说，它们关注的重点也不同，人口资源更多的是一种数量概念，而人才资源更多的是一种质量概念。

在数量上，人口资源是最多的，它是人力资源形成的数量基础，人口资源中具备一定智力资本和体能的那部分才是人力资源；而人才资源又是人力资源的一部分，是人力资源中质量较高的那部分，是具有特殊智力资本和体能的人力资源，也是数量最少的。

在比例上，人才资源是最小的，它是从人力资源中产生的，而人力资源又是从人口资源中产生的。

（二）人力资源和人力资本

"人力资源"和"人力资本"也是容易混淆的两个概念，很多人甚至将它们通用，其实这两个概念是有一定区别的。

1. 资本和人力资本

"资本"一词，语义上有三种解释：一是指掌握在资本家手里的生产资料和用来雇用工人的货币；二是指经营工商业的本钱；三是指谋取利益的凭借物。马克思则认为，资本是指那些能够带来剩余价值的价值。

人力资本是劳动者身上所具备的两种能力：一种能力是通过先天遗传获得的，是由个人与生俱来的基因决定的；另一种能力是后天获得的，由个人经过努力学习而形成，而读写能力是任何民族人口的人力资本质量的关键成分。人力资本这种体现在具有劳动能力（现实或潜在）的人身上的、以劳动者数量和质量（知识、技能、经验、体质与健康）表示的资本，是需要通过投入才能够获得的。

2. 人力资源和人力资本的关系

人力资源和人力资本是既有联系又有区别的两个概念。应该说，人力资源和人力资本都是以人为基础而产生的概念，研究的对象都是人所具有的脑力和体力，从这一点看两者

是一致的。而且，现代人力资源理论大都是以人力资本理论为根据的，人力资本理论是人力资源理论的重点内容和基础部分，人力资源经济活动及其收益的核算是基于人力资本理论进行的，两者都是在研究人力作为生产要素在经济增长和经济发展中的重要作用时产生的。

三、人力资源的特征

人力资源相对于物质资源具有以下突出的特征：

（一）能动性

人力资源的能动性是人力资源与其他资源相区别的主要特征。人力资源的能动性包括以下要点：

1. 人具有意识

人清楚活动的目的，可以有效地对自身活动做出选择，调整自身与外界环境的关系。

2. 人在生产活动中处于主体地位

人是支配其他资源的主导因素。

3. 人力资源具有自我开发性

在生产过程中，人一方面是对自身的损耗，而更重要的一方面是通过合理的行为，得到补偿、更新和发展。

4. 人力资源在活动过程中具有可激励性

通过提升人的工作能力和工作动机，可以提高工作效率，激发工作潜力。

（二）双重性

人力资源同时具有生产性和消费性。人力资源的生产性是指人力资源是物质财富的创造者。人力资源的消费性是指人力资源的保持与维持需要消耗一定的物质财富。生产性和消费性是相辅相成的。生产性能够创造物质财富，为人类或组织的生存和发展提供条件。消费性则能够保障人力资源的维持和发展，是人力资源本身的生产和再生产的条件。

（三）时效性

人力资源存在于人的自然生命体中，人力资源随着人的体力和脑力的变化而发生变化，其时效性一方面是指人力资源的形成、开发和利用会受到人的自然生命规律的限制；另一方面是指人力资源如果长期不用，便会荒废和退化。所以，对人力资源的开发和利用都要把握好最佳的时期，让人在其生命周期的每一个阶段都得到最好的潜力开发机会，使人的生命价值得到最充分的体现。

（四）社会性

社会性是人力资源区别于其他资源的重要特征。一方面，人是社会人，不可避免要受社会文化的影响，形成特有的价值观念和行为方式，可能会与所在企业的文化价值观一致，也可能不一致，甚至发生冲突；同时，人的社会性体现在人有思想、有感情，从属于一定的社会群体，有复杂的心理和感情活动，这就增加了人力资源管理的复杂性和难度。另一方面，人有思想、有感情的同时，也有爱心和责任心，这就使人力资源比其他资源有更大的潜力，一旦人的责任心、积极性、主动性被调动起来，就可以创造奇迹，创造难以估量的价值。

（五）再生性

人力资源也同许多其他资源一样存在消耗与磨损问题，但其不同之处在于：自然资源在消耗后就失去了再利用的价值，物质资源在形成最终产品后也无法继续开发，而人力资源在使用后通过体力恢复和培训投入可以继续发挥效用。人力资源是可以开发和再生的资源，人力资源的使用过程也是人力资源开发和再生的过程，职业生涯设计、培训、积累、创造、激励和提升，还有劳动保护、安全健康措施等都是人力资源开发和再生的途径。

四、人力资源管理与人事管理的区别

（一）观念的区别

人事管理将人视为"工具"，而人力资源管理将人视作"资源"，注重产生和开发。资源有两种状态：一种是产生，这是人事管理所包含的重要内容；另一种是开发，这是人事管理所没有或者不具备的职能。而这才是人力资源管理的核心。在现代企业制度中，什么才是企业的核心竞争力？是人才。只有人才才具有不可替代的、不能复制的优势。企业人才必须靠自身培养和发现，因此，人力资源管理部门的一个重要的任务就是开发，这在许多的外资企业中可以发现。外企的人力资源管理做到了以人为本，他们对于职工的培养、职业前景的规划可谓用心。正因如此，才有众多的人才会聚到外企中去，外企吸引人的绝不仅是高薪。事实上，个别私企，甚至国企的薪金水平也不会比有些外企差。关键还在于两种企业下的文化氛围，归结到根本原因就在于企业的人力开发水平。

（二）管理重心的转移

人事管理以"事"和"物"为核心，而人力资源管理以"人"为核心。这里要讨论一下什么是"事""物"和"人"，"事"和"物"，应该是可以归结为相关的制度、奖惩措施等，这些是可以物化的东西，同时，这也是人事管理部门重点的管理手段。而"人"

应该是指人力部门对职工的职业生涯规划、培训计划等提升人力资源能力的一些措施。人力资源管理的重点就是要打破过去存在于企业中的各种关系网，形成一种公平、公正的激励和分配机制。如果不能打破这些关系网，没有一个严格、公平、公正的制度，是不可能做到"以人为本"的。所以，从这个意义上说，"事"和"人"是同等重要的，或者说是互为基础的。

（三）管理视野和内容上的区别

人事管理功能是招募新人，填补空缺。而人力资源管理不仅具有这种功能，还要担负工作设计、规范工作流程、协调工作关系的任务。从这方面来讲，人力资源管理其管理范围和管理视野较过去的人事管理有很大的拓展，可以说重点和着力点已经完全不一样了，在这样的体制下，对人力资源管理部门人员素质要求非常高，因为他不仅要具备人力管理的知识结构，同时还要具备相当多的企业管理经验，这样他才能够进行工作设计和工作流程的规范。就国有企业现有的人力资源管理部门的人员结构来说，其中大多数人都是人事管理部门的固有人员，从观念上和知识结构上，还不具备这样的能力，如果以这些人为主体，来推行人力资源管理几乎是不可能完成的任务。所以，在国有企业推行现代管理制度中鲜有成功范例，应该说人力资源管理是个重要的障碍。

（四）管理组织上的区别

人力资源管理要打破过去的人事管理模式下的条条框框，这涉及许多企业既得利益分配的问题，所以这对企业来说是个难题。实际上，人力资源管理应将重点放在工作流程、工作岗位和激励机制有效性、合理性的评估上，放在人力资源的培养和调度上，而对于具体的岗位设立、薪酬激励办法以及薪金的发放应该由其他专业的部门（譬如财务）来制定和操作。这样也符合人力资源管理"以人为本"的思想，更加切合企业实际，也利于使企业的人力资源部门不至于成为一个绝对的权力部门，因为，分散的权力、有制约的权力才是符合现代企业发展方向的。

第二节　人力资源的管理

一、管理及相关问题

作为管理的一个构成部分，人力资源管理属于管理这个大范畴，所以也需要遵循管理的一般原则和规律。因此，按照逻辑的思维顺序，在学习人力资源管理之前，有必要先了解和认识管理的一些基本问题。

（一）管理的含义

在人类所从事的各项活动中，管理是其中最重要的活动之一。管理就是在特定的环境下，对组织所拥有的各种资源进行计划、组织、领导和控制，保证以有效的方式实现组织既定目标的过程。

管理活动包括以下五个要点：

1. 管理活动是在特定的环境下进行的

要受到组织内外部各种环境因素的制约。例如，企业的生产经营活动要遵守国家的法律和政策、要满足顾客的要求和需要等，这些是外部环境的影响。此外，它还要考虑组织内部人员状况、技术水平、信息程度以及资金状况等，这些是内部环境的影响。组织内外部环境对管理活动有时候可以起到正确的引导、维持和促进的作用，有时候也会起到约束、限制的作用。面对复杂的内外部环境，成功的企业组织都会根据现实环境的许可，制定出相应的灵活多样的管理措施；当环境限制了企业进一步的成长、发展时，往往又能够冲破环境的束缚，创新管理措施，找到新的发展路径。

2. 管理的对象是组织所拥有的各种资源

包括有形的资源，例如人力资源、资金资源、物质资源等，也包括无形的资源，例如信息资源、技术资源、文化资源以及时间资源等。资源既是管理的对象，也是管理活动进行的基础。现代企业组织都会把不断获取各种各样的资源作为促进自身不断成长、不断发展的重要手段和重要目标之一。如果失去了资源，或者资源出现缺陷，企业组织的生存、发展就会受到冲击威胁。

3. 管理过程是由一系列相关职能组成的

这些职能包括计划、组织、领导、控制等。管理职能是管理者进行管理活动的方法和手段，也是管理活动区别于一般作业活动的标志。管理过程中的每一项职能，都关系到企业组织的发展，关系到企业组织目标的实现；通过一系列的管理职能，企业组织的各种资源就会得到充分、有效的发挥，最终实现组织目标。

4. 管理要实现既定的组织目标

要为组织目标的实现服务，因此管理是一个有目的、有意识的活动过程。如果没有明确的目标指导，管理就会迷失方向，变得杂乱无章，最终不仅变得毫无意义，甚至会给企业组织带来破坏性的结果。组织的目标并不是静止的，它往往是灵活多变的。企业组织在不同的成长、发展时期所制定的目标应该是有所不同的，在组织的某一成长、发展时期所制定的目标也往往呈现出多层次、多方面的特点。因此制定组织目标时，要有灵活性。

5. 管理要以最有效的方式来实现目标

这也是管理的价值所在。因为组织的资源是有限的，管理者必须考虑如何通过各种手段和方式以最少的资源投入来实现最大的产出，最终实现组织既定的目标，如果管理不仅不能给组织带来资源的优化组合和最佳利用，反而扰乱组织的资源秩序，或者最终造成组织资源的浪费，那么这样的管理活动可以说是不成功的，是属于无效的管理。如何做到管理的有效性，是每一个管理者必须考虑的问题。

（二）管理活动中的效率和效果

在评价一项管理活动所取得的成绩，或者说衡量一项管理活动所实现的目标结果时，往往会涉及两个因素：效率和效果。对企业的每一项管理活动来说，应该既要追求提高管理的效率，又要不断促进管理的效果。

效率表明的是投入与产出的关系。组织的投入包括资金、技术、信息、劳动力、原材料、时间等，而产出指生产经营活动的结果，包括产品或服务的输出量，当然这些产品或服务必须是合格的或有效的。效率、投入和产出的关系可用下式表示：

效率 = 产出（产品或服务）/ 投入（资金、技术、人力等资源）

由上式能够看出，效率的提高主要有三种方式：一是投入不变的条件下提高产出；二是产出不变的条件下减少投入；三是提高产出的同时减少投入。效率越高，表示资源的利用程度越高，而在提高效率的过程中，管理的作用是不可忽视的。

效果则与组织的目标有关，是指实现目标的有效程度，当管理实现了或有助于实现组织的目标时，就可以说它是有效果的；否则，管理就是无效果的。

可以看出，效率和效果关注的侧重点是不同的，效果涉及管理活动的结果，或者说达到和实现组织的目标，即评价管理活动是否做正确的事。而效率则涉及管理活动的方式或者说管理活动的方向，即评价管理活动是否正确地做事，一项管理活动只有在达到了管理效果的同时，又提高了管理效率，才能算是对企业组织目标起到积极的促进作用，此时才可以说该项管理活动是有效的管理活动。

（三）管理的职能

管理的职能就是它所要承担或履行的一系列活动，分为计划、组织、指挥、协调和控制五项职能。

对管理职能通行的划分方法是四大职能：计划、组织、领导、控制。计划是指对组织的目标和实现目标的方式、途径做出决策和选择；组织是指管理者根据计划对组织拥有的各种资源进行合理的安排，以实现最佳的组合；领导是指对下属人员进行指导，激励他们的工作热情，协调他们之间的关系；控制是指对工作活动进行监控，发现并及时纠正偏差，以保证目标的实现。需要强调的是，这四项职能是相互联系、相互依赖的，并不是截然分开的。因为在管理活动中，管理者面对的实际情况通常是复杂多变的，要清晰地界定计划、组织、领导和控制的起点和终点，几乎是不可能的。在实际中，会发现当管理者在履行他们的职能时，通常会同时做一些计划、组织、领导以及控制工作，而且这些管理工作并非严格遵循计划、组织、领导、控制的顺序进行。

二、人力资源管理的基本问题

（一）人力资源管理的含义

随着人力资源管理理论和实践的不断发展，国内外产生了人力资源管理的各种流派，从不同的侧面对人力资源管理的概念进行了阐释，综合起来，可以将这些概念归纳为四类：

第一类主要是从人力资源管理的目的出发来解释它的含义，认为它是借助对人力资源的管理来实现组织的目标，例如：①人力资源管理就是通过各种技术与方法，有效地运用人力资源来实现组织目标的活动；②人力资源管理就是通过各种管理功能，促使人力资源有效运用，以实现组织的目标；③人力资源管理就是利用人力资源实现组织的目标。

第二类主要是从人力资源管理的过程或承担的职能角度出发来进行解释，把人力资源管理看成是一个活动过程，例如：①人力资源管理是实现组织人员的招聘、甄选、训练及报酬等功能的活动，以实现个人与组织的目标；②人力资源管理是指对全社会或一个企业的各阶层、各类型的从业人员招工、录取、培训、使用、升迁、调动直至退休的全过程管理。

第三类主要揭示了人力资源管理的实体，认为它就是与人有关的制度、政策等，例如：①人力资源管理包括一切对组织中的员工构成直接影响的管理决策和实践活动；②人力资源管理包括影响公司和员工之间关系的所有管理决策和行为；③人力资源管理是指影响雇员的行为、态度以及绩效的各种政策、管理实践以及制度；④人力资源管理是根据组织和个人发展的需要，对组织中的人力资源这一特殊的战略性资源进行有效开发、合理利用与科学管理的机制、制度、流程、技术和方法的总和。

第四类则是从目的、过程等方面出发综合地进行解释，持这种观点的人占的比重比较大，例如：①人力资源开发与管理，指运用现代化的科学方法，对与一定物力相结合的人力进行合理的培训、组织与调配，使人力、物力经常保持最佳比例，同时对人的思想、心理和行为进行恰当的诱导、控制和协调，充分发挥人的主观能动性，使人尽其才，事得其人，人事相宜，以实现组织目标；②人力资源管理是指运用科学方法协调人与事的关系、处理人与人的矛盾，充分发挥人的潜能，使人尽其才，事得其人，人事相宜，以实现组织目标的过程；③人力资源管理是指一个组织为了实现自己的战略或经营目标，围绕一整套员工管理理念而展开的吸引、保留、激励以及开发员工的政策、制度以及管理实践。

应当说，从综合的角度出发来解释人力资源管理的含义更有助于揭示它的含义。人力资源管理是指组织通过各种政策、制度和管理实践，以吸引、保留、激励和开发员工，调动员工工作积极性，充分发挥员工潜能，进而促进组织目标实现的管理活动总和。

正确地理解人力资源管理的含义，必须破除两种错误的看法：一种是将人力资源管理等同于传统的人事管理，认为两者是完全一样的，只不过换了一下名称而已；另一种是将人力资源管理与人事管理彻底割裂开来，认为两者是毫无关系的。其实，人力资源管理和人事管理之间是一种继承和发展的关系：一方面，人力资源管理是对人事管理的继承，它是从人事管理演变过来的，人事管理的很多职能人力资源管理依然要履行；另一方面，人力资源管理又是对人事管理的发展，它的立场和角度明显不同于人事管理，可以说是一种全新视角下的人事管理。

（二）人力资源管理的功能

人力资源管理的功能主要有五个：获取、整合、保持和激励、控制和调整、开发。人力资源管理的功能指它自身应该具备或者发挥的作用，人力资源管理的职能则是指它所要承担或履行的一系列活动，人力资源管理的功能是通过它的职能来实现的。确切地说，人力资源管理的功能是指它自身所具备或应该具备的作用，这种作用并不是相对其他事物而言的，而是具有一定的独立性，反映了人力资源管理自身的属性。

人力资源管理的功能主要体现为四方面：吸纳、维持、开发、激励。

吸纳功能主要是指吸引并让优秀的人才加入本企业；维持功能是指让已经加入的员工继续留在本企业；开发功能是指让员工保持能够满足当前及未来工作需要的技能；激励功能则是指让员工在现有的工作岗位上创造出优良的绩效。

就这四项功能之间的相互关系而言，吸纳功能是基础，它为其他功能的实现提供了条件，不将人员吸引到企业中来，其他功能就失去了发挥作用的对象；激励功能是核心，它是其他功能发挥作用的最终目的，如果不能激励员工创造出优良的绩效，其他功能的实现就失去了意义；开发功能是手段，只有让员工掌握了相应的工作技能，激励功能的实现才会具备客观条件，否则就会导致员工"心有余而力不足"；维持功能是保障，只有将吸纳的人员保留在企业中，开发和激励功能才会有稳定的对象，其作用才可能持久。

在企业的实践过程中，人力资源管理的这四项功能通常被概括为"选、育、用、留"四个字。这里，"选"就相当于吸纳功能，要为企业挑选出合格的人力资源；"育"就相当于开发功能，要不断地培育员工，使其工作能力不断提高；"用"就相当于激励功能，要最大限度地使用现有的人力资源，为企业的价值创造做出贡献；"留"就相当于维持功能，要采用各种办法将优秀的人力资源保留在企业中。

（三）人力资源管理的目标

对于人力资源管理的目标应当从最终目标和具体目标这两个层次来进行理解。人力资源管理的最终目标就是要有助于实现企业的整体目标，人力资源管理只是企业管理的一个组成部分，它是从属于整个企业管理的，而对企业进行管理的目的就是要实现企业既定的目标，因此人力资源管理的目标也应当服从和服务于这一目的。需要指出的是，虽然不同的企业，其整体目标的内容可能有所不同，但最基本的目标都是一样的，那就是要创造价值以满足相关利益群体的需要。在最终目标之下，人力资源管理还要实现一系列的具体目标，这些具体目标包括：保证价值源泉中人力资源的数量和质量；为价值创造营造良好的人力资源环境；保证员工价值评价的准确有效；实现员工价值分配的公平合理。

人力资源管理的具体目标与企业价值链的运作是密切相关的，价值链表明了价值在企业内部从产生到分配的全过程，是贯穿企业全部活动的一条主线，价值链中任何一个环节出现了问题，都将影响到整体价值的形成，人力资源管理的具体目标就是要从人力资源的角度出发为价值链中每个环节的有效实现提供有力的支持。

在整个价值链中，价值源泉是源头和基础，只有具备了相应的资源，价值创造才有可能进行。人力资源是价值创造不可或缺的资源，因此，为了保证价值创造的正常进行，企业必须拥有满足一定数量和质量要求的人力资源，否则企业的价值创造就无法实现，这就是人力资源管理的第一个具体目标——保证价值源泉中人力资源的数量和质量，这一目标需要借助人力资源规划和招聘录用等职能活动来实现。

在价值链中，价值创造是最关键的环节，只有通过这一环节，价值才能够被创造出来，而价值创造并不会自动发生，它需要以人力资源为中心来整合和运用其他资源，因此必须营建出良好的人力资源环境，以实现价值创造，这就是人力资源管理的第二个具体目标——为价值创造营建良好的人力资源环境，这一目标需要借助职位分析和设计、员工调配、培训与开发、员工激励等职能活动来实现。

为了进行价值分配，就必须对价值创造主体在价值创造过程中所做的贡献做出准确的评价，这就是人力资源管理的第三个具体目标——保证员工价值评价的准确有效，这一目标需要借助绩效管理等职能活动来实现。

价值分配是价值链运作的目的，只有通过价值分配，企业各相关利益群体的需要才能得到满足，从价值创造主体的角度来看，只有他们得到了公平合理的价值分配，价值创造才有可能继续发生，这就是人力资源管理的第四个具体目标——实现员工价值分配的公平合理，这一目标需要借助薪酬管理等职能活动来实现。

总的来说，人力资源管理的目标是，通过组建优秀的企业员工队伍，建立健全企业管理机制,形成良好的企业文化氛围,有效地开发和激励员工潜能,最终实现企业的管理目标。

(四)人力资源管理的基本职能及其关系

1. 人力资源管理的基本职能

人力资源管理的功能和目标是通过它所承担的各项职能和从事的各项活动来实现的,对于人力资源管理的职能和活动,将人力资源管理职能的划分为六种:人力资源规划、招募和甄选;人力资源开发;薪酬和福利;安全和健康;员工和劳动关系;人力资源研究。

它们之间存在一些共同之处,这些共同的职能就是人力资源管理应当承担的基本职能,将其概括为以下八方面:

(1)人力资源规划

这一职能包括的活动有如下:对组织在一定时期内的人力资源需求和供给做出预测;根据预测的结果制订出平衡供需的计划等。

(2)职位分析与胜任素质模型

职位分析包括两部分活动:一是对组织内各职位所要从事的工作内容和承担的工作职责进行清晰的界定;二是确定出各职位所要求的任职资格,例如学历、专业、年龄、技能、工作经验、工作能力、工作态度等。职位分析的结果一般体现为职位说明书。胜任素质是与特定组织特定工作职位上工作业绩水平有因果关联的个体特征和行为。胜任素质模型是指为完成某项工作,实现某一目标所需要的一系列不同胜任素质的组合。胜任素质模型是通过职位分析得到的职位规范的重要补充。

(3)员工招聘

这一职能其实包括招募、甄选与录用三部分。招募是企业采取多种措施吸引候选人来申报企业空缺职位的过程;甄选是指企业采用特定的方法对候选人进行评价,以挑选最合适人选的过程;录用是指企业做出决策,确定入选人员,并进行初始安置、试用、正式录用的过程。

(4)绩效管理

就是根据既定的目标对员工的工作结果做出评价,发现其工作中存在的问题并加以改进,包括制订绩效计划、进行绩效考核、实施绩效沟通等活动。

(5)薪酬管理

这一职能所要进行的活动有如下确定薪酬的结构和水平;实施工作评价;制定福利和其他待遇的标准;进行薪酬的测算和发放等。

(6)培训与开发

包括建立培训体系,确定培训的需求和计划,组织实施培训过程,对培训效果进行反馈总结等活动。

（7）职业生涯规划和管理

职业生涯规划是指一个人通过对自身情况和客观环境的分析，确立自己的职业目标，获取职业信息，选择能实现该目标的职业，并且为实现目标而制订的行动计划和行动方案。职业生涯管理是组织为了更好实现员工的职业理想和职业追求，寻求组织利益和个人职业成功最大限度一致化，而对员工的职业历程和职业发展所进行的计划、组织、领导、控制等采取一系列的手段。

（8）员工关系就是企业中各主体，包括企业所有者、企业管理者、员工和员工代言人等之间围绕雇佣和利益关系而形成的权利和义务关系。

2. 人力资源管理基本职能之间的关系

在这个职能系统中，职位分析与胜任素质模型是一个平台，其他各项职能的实施基本上都要以此为基础。人力资源规划中，预测组织所需的人力资源数量和质量时，基本依据就是职位的工作职责、工作量、任职资格与胜任素质模型，而这些正是职位分析与胜任素质模型的结果；预测组织内部的人力资源供给时，要用到各职位可调动或可晋升的信息，这也是职位说明书中的内容。进行员工招聘时，发布的招聘信息可以说就是一个简单的职位说明书，而录用甄选的标准则主要来自职位说明书中的任职资格要求与胜任素质模型。绩效管理和薪酬管理与职位分析的关系更加直接，绩效管理中，员工的绩效考核指标可以说完全是根据职位的工作职责来确定的；而薪酬管理中，员工工资等级的确定，依据的信息主要就是职位说明书的内容。在培训与开发过程中，培训需求的确定也要以职位说明书中的任职资格要求与胜任素质模型为依据，简单地说，将员工的现实情况和这些要求进行比较，两者的差距就是要培训的内容。

再来看一下绩效管理，该职能在整个系统中居于核心地位，其他职能或多或少都要与它发生联系。预测组织内部的人力资源供给时，需要对现有员工的工作业绩、工作能力等做出评价，而这些都属于绩效考核的内容。人员招聘也与绩效考核有关，可以对来自不同渠道员工的绩效进行比较，从中得出经验性的结论，从而实现招聘渠道的优化。录用甄选和绩效管理之间则存在着一种互动的关系：一方面可以依据绩效考核的结果来改进甄选过程的有效性；另一方面甄选结果也会影响到员工的绩效，有效的甄选结果将有助于员工实现良好的绩效。将员工的现实情况和职位说明书的要求进行比较后就可以确定出培训的内容，那么员工的现实情况又如何得到呢？这就要借助绩效考核了，因此培训与开发和绩效管理之间存在一定的关系。此外，培训与开发对提高员工绩效也是有帮助的，目前，大部分企业在设计薪酬体系时，都将员工的工资分为固定工资和浮动工资两部分，固定工资主要依据工资等级来支付，浮动工资则与员工的绩效水平相联系，因此绩效考核的结果会对员工的工资产生再要的影响，这就在绩效管理和薪酬管理之间建立了一种直接的联系。通过员工关系管理，建立起一种融洽的氛围，将有助于员工更加努力地工作，进而有助于实现绩效的提升。

人力资源管理的其他职能之间同样也存在着密切的关系，录用甄选要在招聘的基础上进行，没有人来应聘就无法进行甄选；而招聘计划的制订则要依据人力资源规划，招聘什么样的员工、招聘多少员工，这些都是人力资源规划的结果；培训与开发也要受到甄选结果的影响，如果甄选的效果不好，员工无法满足职位的要求，那么对新员工培训的任务就要加重；相反，新员工的培训任务就比较轻。员工关系管理的目标是提高员工的组织承诺度，而培训与开发、薪酬管理则是实现这一目标的重要手段。培训与开发和薪酬管理之间也有关系，员工薪酬的内容，除了工资、福利等货币报酬外，还包括各种形式的非货币报酬，而培训就属于其中的一种重要形式，因此从广义上来讲，培训与开发构成了薪酬的一个组成部分。

（五）人力资源管理的地位和作用

1. 人力资源管理的地位

所谓人力资源管理的地位，是指它在整个企业管理中的位置。对于这个问题，目前存在一些错误的认识和看法，归纳起来主要有两种：一种是夸大它的地位，认为人力资源管理就是企业管理的全部，解决了人力资源管理的问题就意味着解决了企业管理的全部问题；另一种是贬低它的地位，认为人力资源管理根本就不是企业管理的内容，在企业的管理过程中发挥不了什么作用。

要想正确地认识人力资源管理的地位，按照逻辑的思维顺序，首先就要搞清楚人力资源管理和企业管理之间的关系。企业管理，简单地说就是对企业投入和拥有的资源进行有效的管理，实现企业既定目标的过程；而企业投入和拥有的资源是由不同的种类构成的，例如资金资源、物质资源、技术资源、人力资源、客户资源等，因此企业管理也就包括对这些不同资源的管理。从这个意义上讲，人力资源管理和企业管理之间是一种部分与整体的关系。

在这个前提下，对于人力资源管理的地位，正确的认识应当是辩证的：一方而，要承认人力资源管理是企业管理的组成部分，而且还是很重要的一个组成部分；另一方面，也要承认人力资源管理代表不了企业管理，人力资源管理并不能解决企业管理的全部问题。

第一个方面的观点是很容易理解的，企业中各项工作的实施都必须依靠人力资源，没有人力资源的投入，企业就无法正常运转。此外，由于人力资源的可变性，它还会影响各项工作实施的效果，而人力资源管理正是要有效地解决问题，为企业的发展提供有力的支持，因此它在整个企业管理中居于重要的地位。

至于第二个方面的观点，也不难理解。虽然人力资源管理可以决定企业能否正常地运转，可以影响企业前进的速度，但是企业管理中还有很多问题是人力资源管理解决不了的，例如企业的发展战略问题、企业的营销策略问题等，因此，人力资源管理并不是万能的。

2.人力资源管理的作用

关于人力资源管理的作用，不同的人有不同的看法，但从根本上来说，它集中体现在与企业绩效和企业战略的关系上。

（1）人力资源管理和企业绩效

在人力资源管理职能正常发挥的前提下，它将有助于实现和提升企业的绩效，这是人力资源管理的一个重要作用。

企业绩效的实现和提高有赖于人力资源管理的实践活动，但是人力资源管理不能单独对企业绩效产生作用，它必须和企业的环境、企业的经营战略以及人力资源管理的支持这三个变量相互配合才能发挥作用。此外，还可以从另外一个角度来分析人力资源管理和企业绩效之间的关系。

首先应当明确，企业绩效的实现依赖顾客的忠诚，没有顾客来购买企业的产品和服务，企业就无法生存和发展，自然也就无法实现自己的绩效。随着生产力水平的不断提高，产品日益丰富，顾客的选择更加多样化，赢得顾客的忠诚对企业来说也变得更加重要。要赢得顾客的忠诚，就必须使顾客满意。而顾客之所以会满意，在很大程度上是因为企业能够为顾客创造价值，也就是为顾客提供优异的产品与服务。实现这一点就要依赖员工的工作，没有员工的工作，企业就无法生产出产品和服务；而没有员工高质量的工作，企业就无法形成高质量的产品和服务，没有这些，企业就无法满足顾客的需求，也就无法使顾客满意。这一点在服务性的行业中体现得更加明显，这些企业向顾客提供的大多是一些服务，这就需要员工直接面对顾客，因此员工的工作会直接影响到顾客的满意度。那么，员工工作的生产率又受什么因素影响呢？主要是他们的工作满意度，员工的工作满意度会直接影响他们的工作，当工作满意度高时，他们就会更加投入地工作；否则，人力资源的作用就不会完全得到发挥。而员工的满意度又取决于他们的需求是否得到满足，以及个人价值是否得到实现。这在很大程度上依赖企业提供的人力资源服务，例如公正的绩效考核、具有竞争力的薪酬待遇、有效的培训与开发、良好的员工关系等。因此，企业的人力资源管理体系与企业绩效之间存在密切的关系，人力资源管理的有效实施将有助于实现和提升企业的绩效。

（2）人力资源管理与企业战略

在人力资源管理职能正常发挥的前提下，它还有助于企业战略的实现，人力资源管理的这一作用目前受到了更多的重视。

战略的实施需要企业各方面资源的共同支持，人力资源自然也在其中，因此人力资源管理的有效进行将有助于企业战略的实现。

当企业战略明确了自己的发展方向之后，各种资源的准备就显得十分重要，没有资源的有效准备，战略的实现无疑是空中楼阁。在资源的准备中，人力资源是很重要的一个方面，一般来说，人力资源的准备可以通过两种途径来实现，一种是从外部招聘，另一种就是内部培养，而这两种途径都是人力资源管理的实践活动。根据企业的战略目标，首先要通过人力资源规划对未来的人力资源需求做出预测，然后再依据这种预测通过招聘录用或者培训与开发来进行人力资源的储备，从而为战略的实现奠定坚实的人力资源基础。例如，如果企业的战略定位为通过兼并收购来扩大经营规模，那么它就要借助人力资源规划，通过招聘录用或者培训与开发等手段来储备兼并收购方面的人才，否则，企业战略的实现就无从谈起。

企业战略的实现，资源准备只是外部条件，它还必须得到全体员工的认同，只有员工把企业的战略目标内化为个人目标和行为准则后，企业战略的实现才具有内在动力。因此，将企业战略传递给每个员工并得到他们的认同是十分重要的，这个过程也需要人力资源管理实践的支持。可以通过培训，给员工灌输企业的战略意图，提高员工的思想认识，把员工的行为统一到战略目标上来。现代的培训理念也正朝着这个方向发展，培训内容的设计除了知识、技能以外，还有思想、观念等。此外，还可以通过绩效考核和奖励等方式来传达企业的战略意图，这也是绩效管理和薪酬管理理念的一个发展方向。例如，企业的战略如果是通过服务来获取竞争优势，那么它就可以在员工的绩效考核指标中加重对服务的考核，以此来引起员工的重视；它还可以加大对优质服务的奖励，这样也可以引导员工的行为，传递自己的战略思想。

三、人力资源管理的产生与发展

（一）人力资源管理的产生与发展

人力资源管理的产生与发展划分为六个阶段。

1. 萌芽阶段

人力资源管理的前身被称为人事管理，人事管理的出现是伴随着 18 世纪后期工业革命而产生的。工业革命有三大特征，即机械设备的发展；人与机器的联系；需要雇用大量人员的工厂的建立。这场革命导致了两个现象：一是劳动专业化的提高；二是工人生产能力的提高，工厂生产的产品剧增。"劳动分工"已成为这次革命的强有力的共同呼声。由于劳动分工思想的提出，个体劳动在工厂中消失，工人的协同劳动成为主体，因此对工人的管理问题就逐渐凸显出来。这一阶段，在工人的管理方面产生了各种朴素的管理思想，例如，在劳动分工的基础上对每个工人的工作职责进行界定；实行具有激励性的工资制度；推行职工福利制度；对工人的工作业绩进行考核等。这些管理思想基本上都以经验为主，并没有形成科学的理论，但却奠定了人力资源管理的雏形。

2. 初步建立阶段

即科学管理时代，管理从经验阶段步入科学阶段，这在管理思想发展史上有着划时代的意义。企业中开始出现人事部门，该部门负责企业员工的雇用、挑选和安置工作，这些都标志着人力资源管理的初步建立。

3. 反省阶段

即人际关系时代，人际关系在提高劳动生产率中的重要性，揭示了对人性的尊重、人的需要的满足、人与人的相互作用以及归属意识等对工作绩效的影响。人际关系开创了管理中重视人的因素的时代，人力资源管理发展的新阶段，设置专门的培训主管、强调对员工的关心和理解、增强员工和管理者之间的沟通等人事管理的新方法被很多企业采用，人事管理人员负责设计和实施这些方案，人事管理的职能极大丰富。

4. 发展阶段

即行为科学时代，从 20 世纪 50 年代开始，人际关系的人事管理方法也逐渐受到了挑战，"快乐的员工是一个好员工"并没有得到事实的证明，组织行为学的方法逐渐兴起。组织行为学是一个研究领域，它探讨个体、群体以及结构对组织内部行为的影响，目的是应用这些知识改善组织绩效，它的发展使人事管理从对个体的研究与管理扩展到了对群体和组织的整体研究和管理，人事管理也从监督制裁到人性激发、从消极惩罚到积极激励、从专制领导到民主领导、从唯我独尊到意见沟通、从权力控制到感情投资，并努力寻求人与工作的配合。"人力资源管理"逐渐成为一个流行的名词。

5. 整合阶段

即权变管理时代，在这一阶段，企业的经营环境发生了巨大的变化，各种不确定因素在增加，企业管理不仅要考虑到自身的因素，还要考虑到外部各种因素的影响。在这种背景下，权变管理理论应运而生，它强调管理的方法和技术要随企业内外环境的变化而变化，应当综合运用各种管理理论而不只是某一种。在这种理论的影响下，人力资源管理也发生了深刻的变化，同样强调针对不同的情况采取不同的管理方式、实施不同的管理措施。

6. 战略阶段

即战略管理时代，为了适应兼并发展的需要，企业必须制定出明确的发展战略，因而战略管理逐渐成为企业管理的要点，而人力资源管理对企业战略的实现有重要的支撑作用，所以从战略的角度思考人力资源管理的问题，将其纳入企业战略的范畴已成为人力资源管理的主要特点和发展趋势。

（二）人力资源管理在我国的发展

中华人民共和国成立以来，我国人力资源管理的发展可分为两大阶段：改革开放前和改革开放后。

随着我国经济体制改革的不断深入，国有企业的劳动人事工作也在不断进步。允许企业根据生产需要和精简、效能的原则决定自己的机构设置和人员配备；有权根据国家下达的劳动指标进行招工，进行岗前培训；有权对成绩优异、贡献突出的职工给予奖励；有权对严重违反劳动纪律的职工给予处分，直至辞退。随着这些规定的落实，企业在用人方面有了更大的空间，正常的进出渠道逐步形成；劳动人事管理制度逐渐完善，劳动定额管理、定员定编管理、技术职称评聘、岗位责任制等在企业中广泛推广；工资管理规范化，打破了分配的平均主义，增强了工资的激励作用；推行对工人的工作、业绩考核。所有这些都表明，我国企业的人事管理工作发生了巨大的变化，已经初步具备了人力资源管理的某些功能和作用。可以说，国有企业人事管理的改革，为人力资源管理在我国的发展奠定了实践基础。

现在，人力资源管理在我国得到了蓬勃的发展，人力资源管理的概念深入人心，企业对人力资源管理的重视达到了前所未有的程度。目前，人力资源管理在我国的发展可以说是机遇与挑战并存，这就需要人力资源管理的理论工作者和实际工作者共同努力，积极探讨，以不断提高我国人力资源管理的理论和实践水平。

四、知识经济时代的人力资源管理

人类在新旧世纪之交迎来的知识经济时代，将现代人力资源管理带进了一个新的阶段。知识经济是以高科技为支柱，以智力资源为主要依托的经济形态。知识经济时代引起的组织形式的巨变，知识经济时代员工所体现的不同特点都要求不断改变人力资源管理的策略和方法。

（一）知识经济的概念

知识经济是以知识和信息的生产、分配、使用为基础，以创新的精神为主导，以人力资本的高价值运转为特征，以高科技产业和智力产业为支柱的新型经济。在知识经济时代，企业经济的增长从主要依赖资金资本的积累转化为主要依靠知识资本的积累，从主要依靠产品的更新转化为主要依靠知识的更新。知识资本成为人力资本优势的标志，人力资源的价值成为衡量企业核心竞争力的标志。

（二）知识经济时代的组织形式

知识经济引起了组织形式的巨变，用五个相互联系的特征来定义知识经济时代的新型组织：网络化、扁平化、柔性化、多样化和全球化。新型组织的特征对员工的职业角色和行为方式都提出了新的要求。比如：企业要求员工拥有知识和技能、具有高度的责任感；

对更趋流动性员工的管理要求企业重新思考组织与个人的关系问题等。新型组织模式体现出以下几个特征：

1.组织网格化

在网络化组织中，个体、团队等内部子单元和环境中关键要素之间相互依赖性将加强。团队成为组织活动的基本单位而不是个人，组织与供应商、与客户、与利益相关者甚至竞争公司结成联盟或协作网络。在这种形同"虚拟化组织"的模式下，对于管理者来讲，无法依靠权力去完成其目标，他必须与其他关键人员协商以建立相互信任，各角色协同去完成任务，这改变了员工开展工作的方法和组织控制员工的策略。团队日益成为组织的基本单位，要求管理者具有作为团队领导和团队成员的技能，包括理解团队互动的动力、观察能力、诊断和处理团队问题的能力等。

2.组织扁平化

扁平化组织减少了管理层级并授权给操作层面，使决策能够深入第一线。相对于传统的多层级的组织结构来讲，扁平化组织为员工提供的晋升机会较少，升职已不是主要的激励方式。在与环境交互作用的扁平化组织中，更多的人在工作中跨越组织边界，与客户、供应商及其他利益相关者相互影响，形成了跨边界的价值链。随着合作的加深，"边界"日益模糊，这要求成员忠诚、献身于自己的组织，组织必须寻找有效的途径来协调员工对组织长期目标的责任、对组织的忠诚与跨边界协作的关系。

3.组织柔性化

由于顾客需求的多样化，劳动力资源的多元化，外部环境的复杂化，那些僵化的规则、惯例和结构早已不能适应组织的要求。柔性化组织内多以临时性组织方式出现，如项目组、特别工作组及非正式的工作团队。这些组织的活动不影响个人的正式职位或正式的组织结构，而是根据客户多样化和不定时的需要，迅速重新配置人力资源和物质资源来解决问题。在柔性化组织中，员工的工作行为特点不是循规蹈矩而是处理不确定性事件、团队合作与互补。不断学习，提升创新能力和相应变化的能力是关键。

4.组织多样化

网络化组织、扁平化组织、柔性化组织在满足劳动力日益多样化、创新和解决问题的思路和方法多样化，以及经营环境的不可预见和不规则性的时候，其组织必然是多样化的。多样化组织需要适应多样化的观点、方法、职业路径、激励机制及组织内的人和政策，并且对多样化的顾客和利益相关者做出快速反应。多样性组织中，员工的行为特征表现为自觉地、主动地对多样化的重视、认同与容忍。理解别人对事物的看法，学会倾听，懂得换位思考。

5.组织全球化

经济全球化使组织的发展空间由单一地域扩展到跨地域，由国内扩展到国际、全球。

跨国经营的特点是在不同国家经营是相对独立的，相互的依赖性不强，而全球化则意味着跨边界的相互作用，全球化组织更促进了组织向网络化、多样化和虚拟化的方向发展，带来了工作模式的变化，远程办公工作模式、旅馆办公工作模式、链系办公工作模式、在家办公工作模式、完全流动办公工作模式、时间弹性化工作模式等将会越来越流行和普遍。全球化组织不仅要求员工具有跨文化交流的技能，更重要的是，要求员工要有自觉性，忠诚度，热爱，事业心，对组织愿景、战略、目标的认同等。

（三）知识经济时代的员工特点

在知识经济时代，企业出现了一个新的工作群体，叫"知识工作者"。这些知识工作者或知识员工在工作中表现出以下几个突出的特点：

1. 流动性

知识员工忠诚于他的职业甚于他所服务的企业。知识型员工大都清醒地知道他们的专业能力对他们未来的职业发展程度起决定性的作用，他们对专业的忠诚往往多于对组织的忠诚。他们一旦有了更高的追求而公司又忽视或不能满足这种需求时，就会逃离原公司。具有高度智慧的知识员工是人力资源市场上的稀缺资源，不再依附于企业，知识的力量使其在与企业的关系中处于更加对等的地位，双方之间由传统的雇佣关系演变为基于知识传播、应用和创新的合作关系，知识员工服务于一家企业不再是他们的"需要"而是他们的一种选择，即选择一家有利于发挥他们专业知识的企业工作。只有在共同价值观的基础下，将组织的发展规划同个人职业发展紧密联合起来，才能有效地提高他们对组织的忠诚度。

2. 不确定性

知识员工之所以流动性大，与他们工作环境的不确定性有关，选择上的主动性，会导致变换更好的工作环境，或身兼数职，这就使知识员工实际上很少依赖管理层领导，相反地，如果员工之间存在技术上互补的活，反而会让知识员工产生一种依赖感，因为知识工作很少可以一个人独立完成，而他们互相交流的过程可以产生协同作用。知识员工的工作模式发生改变，出现跨团队、跨职能合作，甚至虚拟工作团队，相应地，企业由过去对员工的点的定位，过渡到现在的区域定位。人在企业中的位置也由点定位到区域定位，即角色定位。知识员工团队中，领导与被领导的界限模糊了，双方既是一种互动关系，又是一种角色置换关系。

3. 自主创新性

知识型员工具有自己的专业特长，在某一领域是专家，自主性强，在工作中强调自我引导，不喜欢上级领导的遥控指挥。工作的顺利进行完全有赖于知识型员工发挥自主性，他们容易将个人目标与企业目标结合起来，注重发挥自己的专业特长和成就自己的事业。

创新是知识型员工工作的最重要特征，知识员工之所以重要，并不是因为他们已经掌握了某些秘密知识，而是因为他们具有不断创新有用知识的能力。知识型员工所从事的不是简单的重复性工作，而是在复杂多变的环境下依靠自己的知识、经验和灵感进行的挑战性工作，他们要应对各种可能发生的情况，推动技术的进步，不断使产品和服务得以更新。

4. 复杂性

复杂性主要是指劳动的复杂性。首先，劳动过程复杂。知识型员工的工作主要是思维性活动，依靠大脑而不是体力，劳动过程以无形的为主，而且可能发生在每时每刻和任何场所。加之工作并没有确定流程和步骤，其他人很难知道应该怎样做，固定的劳动规则并不存在。因此，对劳动过程的监督既没意义，也不可能。其次，劳动考核复杂。在知识型企业，员工独立自主性并不等同于员工之间不需要配合，员工的工作由于科技的发展一般并不独立，他们的工作一般以工作团队的形式出现，通过跨越组织界限以便获得知识综合优势。因此，劳动成果多是团队智慧和努力的结晶，这使得个人的绩效评估难度较大。最后，劳动成果复杂，本身有时也是很难度量的。

（四）知识经济时代的人力资源管理

由于知识经济带来的企业组织形式的巨变及知识员工的工作特征，也给人力资源管理带来了新的内容和新的挑战，在知识经济时代，人力资源管理应重点关注以下几方面的内容：

1. 心理契约管理

心理契约是组织中每一个成员和不同的管理者及其他人之间，在任何时刻，都存在一种没有明文规定的期望。它包括两部分内容：一是员工个人目标与组织目标和承诺的契合关系；二是员工在经过一系列投入、回报循环构成的组织经历后，与所在企业形成的情感上的契约关系，体现在员工对组织的依赖感和忠诚度。企业能清楚员工的发展期望，并尽量提供条件满足其期望。而每一名员工也相信企业能实现他们的愿望，并为企业的发展全力以赴。由此可见，心理契约不同于企业与员工之间的经济契约，经济契约是公开的、具有明确法律和规则效力的显性契约，而心理契约是存在于企业与员工之间的隐性契约，其核心在于员工的满意度。心理契约本是社会心理学的概念，被组织行为学者借用和移植过来，研究组织中复杂而微妙的人际关系，特别是上下级间的关系，成为一件具有敏锐而深刻洞察力和剖析力的工具。心理契约的内容是双方彼此间对于对方所抱有的一系列微妙而含蓄的期望。这些期望未形成文字记录在案，甚至都没有在口头上表露出来，只是默默地埋藏在各自心里，留待双方去细心观察、琢磨和领悟。心理契约所形成的员工个人目标与组织目标和承诺的契合关系，员工在经过一系列投入、回报循环构成的与所在企业形成的情感上的契约关系，体现出的员工对组织的依赖感和忠诚度都可能激发出员工的角色外行为，如持续的工作热情和额外的付出、自觉地从事本职工作以外的任务活动、帮助他人并与他人合作、遵从和严格执行组织的规则和程序以及支持和维护组织的目标等行为。

2. 组织承诺管理

组织承诺是个人对组织的一种态度或肯定性的内心倾向，是个人对组织的感情上的依赖和参与该组织的程度。组织承诺被定义为保持一个特定组织成员身份的一种强烈愿望，愿意做出较多的努力来代表组织及对于组织的价值观和目标的明确信任和接受。组织承诺的三成分模型：情感承诺，员工对组织的情感依恋、认同感和卷入程度；留任承诺，基于相关员工离开组织带来的损失的一种承诺；规范承诺，员工感到有责任留在组织中。由此可见，组织承诺是员工与组织之间相互联结的纽带。组织承诺对员工工作绩效的影响表现在员工离职率的高低、对工作投入的多少以及是否积极参与组织的各项工作。从绩效管理的角度研究组织承诺应重点注意以下两方面：

（1）组织应努力提升员工的组织承诺感

组织应该增强组织的公平性、可依赖性、对员工的支持度，提升员工的工作满意度，如使工作更具挑战性、工作内容更加丰富化等，同时，建立员工队伍稳定机制，从薪酬、晋升政策上鼓励员工保留。

（2）关注员工对组织的情感依赖、忠诚、认同等产生的远期绩效

绩效考评应将任务绩效和周边绩效结合起来，短期绩效和长期绩效结合起来，财务指标和学习成长指标结合起来。

3. 组织公民行为管理

（1）利他行为

指帮助他人的行为，包括自愿帮助他人处理或防止工作中出现的问题，还细分为利他、调解和鼓励他人等子纬度。

（2）尽职行为

指组织成员在执行组织任务、完成职务工作时表现出的比要求还要好的行为，如利用工作时间工作、严格执行组织规章、制度等行为。

（3）运动员精神

指对工作不抱怨、精益求精、团队精神。

（4）组织忠诚

包括忠诚地拥护组织，认可、支持利维护组织目标，自觉宣传组织，在不利条件下仍对组织保持高度忠诚。

（5）组织遵从

指员工对组织规则的接受和内在化，无论是有无领导者和同事注意到他们，都会自觉遵从，其行为不会有变化。

（6）公民美德

指员工参与组织的政治活动，发表对组织的改进意见，关心和维护组织利益。任何组织的设计都不可能尽善尽美，尤其是新型组织模式更难规范工作行为，仅仅依靠员工的角色内行为难以达到组织目标，必须依赖员工的角色外行为去促进组织目标的更好实现。

4.人力资源外包管理

人力资源外包是知识经济条件下产生的虚拟人力资源管理中的一种形式，指依据双方签订的服务协议，将企业人力资源部分业务的持续管理责任转包给服务商进行管理的活动。服务商按照合约管理某项特定人力资源活动，提供预定的服务并收取既定的服务费用。企业之所以选择人力资源外包，是基于服务质量和成本方面的考虑，包括以下几方面：①企业的人力资源管理人员的知识、技能和素质达不到所进行的人力资源管理活动所需具备的各种资格要求，如设计一个有效的培训和考核体系、进行员工的有效测评和职业生涯设计等。②所进行的人力资源管理活动，由企业人力资源管理者实施的成本可能太高，因为一方面各种专门的人力资源管理咨询机构中有足够的人力资源专家来实施，另一方面他们具有实施相关管理活动的成功经验和失败教训，因此，他们的各种管理活动成功的机会要比企业内部员工实施的机会大几倍，如人员测评、各种人力资源制度和政策的建立和实施。③企业从来没有进行过相关的各种人力资源管理活动，这些活动要进行外包。如新型产业部门的员工的招聘和职业生涯设计等。④根据降低人力资源成本的需要，精简企业的人力资源部门，使得人力资源部不可能自己去做所有的工作，因为人力资源管理人员要进行战略性的人力资源规划和设计、提供相应的各种产品和服务，因此，许多低附加值的人力资源工作要进行外包。在外包过程中，由于服务商承担了企业人力资源活动的某些风险和不确定性，比如遵守劳动法规和政府规章及技术手段变化方面的风险或难以预料的情况，能在一定程度上降低企业人力资源活动的风险和损失。这对生存在人力资源管理愈加法制化和信息技术高度发达的知识经济时代的企业来说，具有非常现实的意义。

五、战略人力资源管理

战略人力资源管理是现代人力资源管理的前沿领域，近年来在理论界和实践界受到越来越多的关注。

（一）战略人力资源管理的含义

战略人力资源管理是为了提高组织绩效而将人力资源职能同组织的战略目标联系起来的过程。战略人力资源管理强调以下内容：将人力资源视为获取竞争优势的首要资源，人力资源是决定组织成败的关键因素；人力资源管理的核心职能是参与战略决策，倡导并推动变革，规划组织的人力资源，组织人力资源管理实践活动；战略匹配是人力资源管理运作系统有效性的重要保证，包括人力资源管理战略与企业总体战略的匹配，人力资源管理的各项实践与人力资源管理战略的匹配，人力资源管理的各项实践相互之间的匹配。

战略人力资源管理主要包括以下三个部分的内容。一是人力资源管理实践系统，包括员工队伍建设、培训、报酬、评价、工作设计等内容。该系统应该做到内部相互一致（横向整合），同时又是组织战略、文化及其他相关实践相匹配（纵向整合）。二是人力资本存量，包括组织战略要求的知识、技能和能力等。三是组织成员关系的行为，包括心理契约、工作所需要的行为、自觉行为、组织公民身份等，它强调人的意愿、认知和感情，同时受人力资源管理实践系统和人力资本存量的影响，企业只有致力于这三方面的持续创建和努力，才能获得持续竞争优势。

（二）战略人力资源管理的理论模型

1. 资源基础理论模型

该理论依据企业的资源和能力是异质的观点，强调组织持续竞争优势的获取主要依赖组织内部的一些关键性资源。这些资源必须具备四个方面的特征：价值性、稀缺性、难以模仿性及不可替代性。战略人力资源基础理论把人力资源管理和战略理论结合起来，从一个新视角证明了战略性人力资源的价值。人力资源管理对建立企业持续竞争优势所起的重要作用。①价值性：人力资源的价值性表现在高素质人员队伍往往是企业利润的直接来源。②稀缺性：企业人力资源的稀缺性主要表现在知识型员工超出市场平均水平的智力与能力。③难以模仿性：人力资源的难以模仿性主要是由人力资源形成的路径依赖形成的。④不可替代性：由于劳动者和劳动力的不可分性，并且只有当人力资源与物质资本相结合时才能形成生产力，因此人力资源难以替代。企业资源基础理论提出后受到了广泛重视，成为战略人力资源管理的基础性理论。

2. 战略管理过程理论模型

战略人力资源管理提出"战略整合"是从战略实施过程中人力资源管理的支持作用及人力资源各项独立职能（如招聘、培训、薪酬、劳工关系等）如何与战略整合进行研究的。主要包括：

（1）纵向整合

即人力资源管理与组织战略的整合。

（2）横向整合

即人力资源管理实践各项职能之间的整合。

前者认为竞争战略与人力资源战略应该互为投入 - 产出关系：竞争战略提出企业所需要的员工数目、技能、能力等，从而要求人力资源战略必须支持战略形式；而组织实际拥有的或可获得人力资源性质，决定企业能够采用的战略类型。后者不仅揭示了战略性人力资源的纵向整合，更重要的是揭示了人力资源各项活动之间及不同业务领域的人力资源实践之间复杂的横向整合关系。

3. 战略一致性与战略灵活性模型

战略一致性存在于个人、群体和组织各个层次中，是企业"某部分的需要、要求、目标、任务、结构与另外一部分相一致的程度"；而灵活性是企业"回应动态竞争环境的各种需求的能力"。灵活性与一致性是相互独立存在的，而且二者对提高企业绩效都是至关重要的，但又是互动的。该模型认为战略人力资源的灵活性一方面是基于企业具有员工技能与行为的多种组合，从而使得企业在竞争性环境中追求不同的战略选择；另一方面是基于企业必需的，用来确认、开发与促进这些技能与行为的人力资源管理实施，从而使企业能够快速地进行战略调整。一致性与灵活性模型综合了之前战略人力资源管理的内容，并且在开发企业内部能力以增强企业灵活性方面做出了重大的贡献。

第二章 员工招聘

第一节 人力资源招聘的内容

一、人力资源招聘基本范畴

（一）人力资源招聘的含义

人力资源招聘是建立在两项工作基础之上的：一是组织的人力资源规划；二是工作分析。人力资源规划确定了组织招聘职位的类型和数量，而工作分析使管理者了解什么样的人应该被招聘进来填补这些空缺。这两项工作使招聘能够建立在比较科学的基础之上。

人力资源招聘，简称招聘，是"招募"与"聘用"的合称，是指在总体发展战略规划的指导下，根据人力资源规划和工作分析的数量与质量要求，制订相应的职位空缺计划，并通过信息发布和科学甄选，获得所需合格人员填补职位空缺的过程。招募与聘用之间夹着甄选。

（二）人力资源招聘的意义

人力资源招聘在人力资源管理中占据十分重要的位置，它的意义具体表现在以下几方面：

1. 招聘是组织补充人力资源的基本途径

组织的人力资源状况处于变化之中，组织内人力资源向社会的流动、组织内部的人事变动（如升迁、降职、退休、解雇、死亡、离职等）等多种因素，导致了组织人员的变动。同时，组织有自己的发展目标与规划，组织成长过程也是人力资源拥有量的扩张过程。意味着组织的人力资源总是处于稀缺状态的，需要经常补充。因此，通过市场获取所需人力资源成为组织的一项经常性任务，人力资源招聘也就成了组织补充人员的基本途径。

2. 招聘有助于创造组织的竞争优势

现在的市场竞争归根结底是人才的竞争。一个组织拥有什么样的人力资源，就在一定意义上决定了它在激烈的市场竞争中处于何种地位——是立于不败之地，还是最终面临被淘汰的命运。而对人才的获取是通过人才招聘这一环节来实现的。因此，招聘工作能否有效地完成，对提高组织的竞争力、绩效及实现发展目标，均有至关重要的影响。从这个角度说，人力资源招聘是组织创造竞争优势的基础环节。对获取某些实现组织发展目标急需的紧缺人才来说，招聘更具有特殊的意义。

3. 招聘有助于组织形象的传播

招聘过程的质量会明显地影响应聘者对组织的看法。人力资源招聘既是吸引、招募人才的过程，又是向外界宣传组织形象、扩大组织影响力和知名度的一个窗口。应聘者可以通过招聘过程来了解组织的组织结构、经营理念、管理特色、组织文化等。尽管人力资源招聘不是以组织形象传播为目的的，但招聘过程客观上具有这样的功能，这是组织不可忽视的一方面。

4. 招聘有助于组织文化的建设

招聘过程中信息传递的真实与否，直接影响着应聘者进入组织以后的流动性，有效的招聘既能使组织得到所需人员，同时也为人员的保持打下基础，有助于减少由人员流动过于频繁而带来的损失，并有助于营造组织内的良好气氛，如能增强组织的凝聚力、提高士气、增强人力资源对组织的忠诚度等。

二、人力资源招聘的影响因素

招聘活动的实施往往受到多种因素的影响，为了保证招聘工作的效果，在规划招聘活动之前，应对这些因素进行综合分析。归纳起来，影响招聘活动的因素主要有外部影响因素和内部影响因素两大类。

（一）外部影响因素

1. 国家的法律法规

国家和地方的有关法律、法规和政策，是约束组织招聘行为的重要因素，从客观上界定了组织招聘活动的外部边界。

2. 劳动力市场

招聘特别是外部招聘，主要是在外部劳动力市场进行的，因此市场的供求状况会影响招聘的效果，当劳动力市场的供给小于需求时，组织吸引人员就会比较困难；相反，当劳动力市场的供给大于需求时，组织吸引人员就会比较容易。在分析外部劳动力市场的影响时，一般要针对具体的职位层次或职位类别来进行，例如当技术工人的市场比较紧张时，组织招聘这类人员就比较困难，往往要投入大量的人力、物力。

3. 竞争对手

在招聘活动中，竞争对手也是非常重要的一个影响因素。应聘者往往是在进行比较之后才做出决策的，如果组织的招聘政策和竞争对手存在差距，那么就会影响组织的吸引力，从而降低招聘的效果。因此，在招聘过程中，取得对竞争对手的比较优势是非常重要的。

（二）内部影响因素

1. 职位性质

空缺职位的性质决定了招聘什么样的人以及到哪个相关劳动力市场进行招聘，因此它是整个招聘过程的灵魂。另外，它还可以让应聘者了解该职位的基本情况和任职资格，便于应聘者进行求职决策。

2. 组织形象

一般来说，组织在社会中的形象越好，越有利于招聘活动。良好的组织形象会对应聘者产生积极的影响，引起他们对组织空缺职位的兴趣，从而有助于提高招聘的效果。如青岛海尔、联想集团等一些形象良好的企业，往往是大学生毕业后择业的首选。而组织的形象又取决于多种因素，如组织的发展趋势、薪酬待遇、工作机会以及组织文化等。

3. 招聘预算

招聘活动必须支出一定的资金，因此组织的招聘预算对招聘活动有着重要的影响。充足的招聘资金可以使组织选择更多的招聘方法，扩大招聘的范围，如可以花大量的费用来进行广告宣传，选择的媒体也可以是影响力比较大的；相反，有限的招聘人力资源管理资金会使组织进行招聘时的选择大大减少，这会对招聘效果产生不利的影响。

4. 招聘政策

组织的相关政策对招聘活动有直接的影响，组织在进行招聘时一般有内部招聘和外部招聘两个渠道，至于选择哪个渠道来填补空缺职位，往往取决于组织的政策。有些组织可能倾向于外部招聘，而有些组织则倾向于内部招聘。在外部招聘中，组织的政策也会影响到招聘来源，有些组织愿意在学校进行招聘，而有些组织更愿意在社会上进行招聘。

三、推进人力资源招聘工作的策略分析

企业人力资源招聘一般是由创业阶段缺乏人才、业务规模扩大缺乏人手、现有人员结构须重新配置、岗位临时空缺等因素引起的。因此，一方面，企业人力资源招聘是从企业岗位出发，寻求符合需求的优秀人才，在维持企业的生存和发展上起到了重要作用。另一方面，企业在进行招聘的过程，同时也是对企业进行正面形象宣传的良好时机，尤其是外部招聘前期宣传阶段，企业可以通过纸媒、现场、线上等各种渠道进行招聘信息的发布，让更多人了解企业；此外，在招聘过程中，招聘人员的行为、能力等各种表现，也是应聘者对企业形象的评判标准之一。

（一）建立健全人才识别机制

企业进行招聘前，需要对招聘岗位职责和需求进行全面清晰的定位和分析，招聘人员在满足招聘岗位需求即具备岗位能力的基础上，还需要认可企业文化，和企业具有相同的价值观念。因此在人才识别上，要加强综合评价体系构建，全方位考虑应聘者各项素质，根据职位要求，设置不同权重，综合评分。

（二）建立针对性强的招聘渠道

企业人力资源招聘多样灵活，一般企业在招聘前，首先考虑内部招聘，一方面可以节省招聘成本，另一方面也可以增强企业内部员工的忠诚度。针对外部招聘，企业同样要根据自身行业定位、岗位需求，针对不同的能力要求，选取不同的招聘渠道。比如针对可替代性强的岗位，选择低成本的公开招聘即可；而针对高级职位，通过猎头招聘将是更为直接、节约成本的方式。

（三）提升企业招聘人员素质

人力资源预测、工作分析、人事政策、信息发布、甄选、录用等一系列招聘过程都会受到招聘人员的选择，企业要加大选拔力度，慎重选择，尽可能减少人为风险；其次在招聘人员素质培养方面，企业要加强重视，认真把关，认识到招聘人员对招聘结果的重要影响程度，提升招聘人员的专业素养。

（四）加强人才招聘外部约束

外部约束主要包括法律约束、道德约束、市场约束、舆论约束等，加强外部约束，可以有效降低招聘双方信息不对称现象。从经济成本、机会成本、名誉成本等方面对人才形成全面约束，适当增加对不诚信者的处罚力度，增加造假成本，强制增加招聘双方提供更多真实、有价值的信息。

第二节　人力资源招聘过程管理

一、人力资源招聘

人力资源是企业最重要的资源，招聘是企业与潜在的员工接触的第一步，人们通过招聘环节了解企业，并最终决定是否为它服务。从企业的角度看，只有对招聘环节进行有效的设计和良好的管理，才能得到高质量的员工，否则就只能得到平庸之辈。但是，如果高素质的员工不知道企业的人力需求信息，或者虽然知道但是对这一信息不感兴趣，或者虽然有些兴趣但是还没有达到愿意来申请的程度，那么企业就没有机会选择这些有价值的员工。有效的招聘方法要取决于劳动力市场、工作空缺的类型和组织的特征等多种因素，但是不管怎样，以下四个问题是人力资源部门在制定招聘策略时必须牢记的：第一，开展招聘工作的目标；第二，需要招到怎样的员工；第三，需要工作申请人接收到什么样的信息；第四，这些信息怎样才能最好地传达给工作申请人。

招聘和选拔员工，是企事业组织最重要也最困难的工作之一。员工招聘和选拔出现错误，对组织会产生极其不好的影响。生产线上的员工如果不符合标准，就可能导致花费额外的精力去进行修正。而与客户打交道的员工如果缺乏技巧，就可能使企业丧失商业机会。在小组中工作的人缺乏人际交往技能，就会打乱整个团队的工作节奏，影响产出效率。招聘的错误，还关系到企事业组织员工队伍的构成。员工的等级越高，其招聘和选拔就越难。要想估计一个一般工人的价值，几天甚至几个小时就够了；但是如果要评判一个工段长的价值，有时需要几周甚至几个月的时间；要想评判一个大企业管理者的价值，则要几年时间才能确切地评价。因此，在招聘和选拔高层管理人才方面，一定不能出现失误。

在当今知识经济发展的新格局下，处于组织人力资源金字塔顶端的人才资源，在企事业组织发展中的重要地位越来越突出。而人才的形成基础是平时对人力资源的招聘和选拔。人才对组织的发展来说是至关重要的。

二、招聘的制约因素

招聘的成功取决于多种因素，如外部影响、企事业组织职务的要求、应聘者个人的资格与偏好等。有许多外部因素对企事业组织招聘决策有影响。外部因素主要可以分为两类：一是经济条件；二是政府管理与法律的监控。

有许多经济因素影响招聘决策，这些因素是人口和劳动力、劳动力市场条件、产品和服务市场条件。

三、招聘过程的重要性

招聘过程的第一步是确定与组织人力资源供给相关的劳动力市场。第二步是以此为对象开展征召活动。对组织的征召活动做出积极的事实反应的人就成为工作申请人。第三步是组织对申请人的挑选工作，由此产生录用的员工。再经过组织在人力资源管理方面对员工的保持工作，那些持续在组织服务的员工就成为组织的长期雇员。

征召环节在整个招聘过程中具有重要地位，因为今天来应聘的员工有可能成为组织明天的高级主管。在这种意义上，招聘工作实际上决定着组织今后的发展与成长。即使组织的员工选拔技术和日后的员工保持计划十分有效，但是如果在征召环节上没有吸引到足够数量的合格申请人，这些选拔技术和保持计划也就不会发生作用。因此一定要记住，招聘的成效是申请人的数量、申请人的质量、组织的遴选技术和员工保持政策共同作用的结果。

四、招聘人的选择

组织在进行招聘过程中，工作申请人是与组织的招聘组成员接触而不是与组织接触，而且招聘活动是工作申请人与组织的第一次接触。在对组织的特征了解甚少的情况下，申请人会根据组织在招聘活动中的表现来推断组织其他方面的情况。因此，招聘人员的选择是一项非常关键的人力资源管理决策。

一般来说，招聘组成员除了包括组织人力资源部门的代表以外，还可以包括直线经理人等。申请人会将招聘组作为组织的一个窗口，由此判断组织的特征。因此，招聘组成员的表现将直接影响到申请人是否愿意接受组织提供的工作岗位。那么，这些"窗口人员"什么样的表现能够增加申请人的求职意愿呢？招聘人员的个人风度是否优雅、知识是否丰富、办事作风是否干练等因素都直接影响着申请人对组织的感受和评价。

五、招聘收益金字塔

招聘从企业获得应征信函开始，经过笔试、面试等各个筛选环节，最后才能决定正式录用或试用。在这一过程中，应征者的人数变得越来越少，就像金字塔一样。招聘收益指的是经过招聘过程中的各个环节筛选后留下的应征者的数量，留下的数量大，就说招聘收益大；反之就说招聘的收益小。企业中的工作岗位可以划分为许多种，在招聘过程中针对每种岗位空缺所需要付出的努力程度是有差别的。为招聘到某种岗位上足够数量的合格员工应该付出多大的努力，招聘收益金字塔就是这样一种经验分析工具。

招聘收益金字塔可以帮助企业的人力资源部门对招聘的宣传计划和实施过程进行准确的估计与有效的设计，可以帮助企业决定为了招聘到足够数量的合格员工需要吸引多少应征者。

在确定工作申请资格时，组织有不同的策略可以选择。一种策略是把申请资格设定得比较高，于是符合标准的申请人就比较少，然后组织花费比较多的时间和金钱来仔细挑选最好的员工。另一种策略是把申请资格设定得比较低，于是符合标准的申请人就比较多。这时组织有比较充分的选择余地，招聘的成本会比较低。一般而言，如果组织招聘的工作岗位对组织而言至关重要，员工质量是第一位的，就应该采取第一种策略。如果劳动力市场供给形势比较紧张，组织也缺乏足够的招聘费用，同时招聘的工作对于组织不是十分重要，就应该采取第二种策略。

在招募新员工时，组织面临的问题是如何在众多的工作申请人中挑选出合格的有工作热情的应征者。特别是在我国现阶段，就业形势严峻，劳动力过剩将是一个长期存在的现象。那些经营业绩出众的大公司，在招聘中面对的将是申请人众多的情况。组织的招聘是一个过滤器，它影响着什么样的员工能成为组织的一员。一个理想的录用过程的一个重要特征是被录用的人数相对于最初申请者的人数少得多。这种大浪淘沙式的录用可以保证录用到能力比较强的员工。而且能力强的员工在接受培训后的生产率提高幅度将高于能力差的员工经过相同的培训后的生产率提高幅度。

六、真实工作预览

在招聘过程中，公司总是会使用各种办法来吸引工作申请人。公司常用的项目包括奖励、工作条件、职业前景、技能训练、自助餐厅、住房优惠贷款和工作的挑战性等。但是需要指出的是，公司在想方设法吸引外部人才加盟时，不能顾此失彼，导致新员工与原有的员工之间的不公平。企业在吸引工作申请人时，公司不应该只暴露公司好的一面，同时也应该让申请人了解公司不好的一面，以便使申请人对组织的真实情况有一个全面的了解。在美国，一些公司经常使用小册子、录像带、光盘、广告和面谈等方式开展真实工作预览的工作。

真实工作预览的优点是：第一，展示真实的未来工作情景，可以使工作申请人首先进行一次自我筛选，判断自己与这家公司的要求是否匹配。另外，还可以进一步决定自己可以申请哪些职位，不申请哪些职位，为日后降低离职率奠定了良好的基础。第二，真实工作预览可以使工作申请人清楚什么是可以在这个组织中期望的，什么是不可以期望的。这样，一旦他们加入组织，就不会产生强烈的失望感，而是会增加工作满意程度、投入程度和长期服务的可能性。第三，这些真实的未来工作情景可以使工作申请人及早做好思想准备，一旦日后的工作中出现困难，他们也不会回避难题，而是积极设法解决难题。第四，公司向工作申请人全面展示未来的工作情景，会使工作申请人感到组织是真诚的、可以信赖的。

公司在准备实际工作预览的内容时，应该注意以下五方面。第一，真实性。第二，详细程度。公司不应该只给出休假政策和公司的总体特征这样一些宽泛的信息，还应该对诸如日常的工作环境等细节问题给出详细的介绍。第三，内容的全面性。公司应该对员工的晋升机会、工作过程中的监控程度和各个部门的情况逐一介绍。第四，可信性。第五，工作申请人关心的要点。一个公司的有些方面是申请人可以从公开渠道了解的，因此这不应该成为真实工作预览的重点。真实工作预览应该着重说明那些申请人关心的但是又很难从其他渠道获得的信息。

七、招募过程管理与招聘周期

企业的招募工作很容易出现失误，而且一旦招募过程出现失误就可能损害组织的声誉，为此应该遵循以下原则：

第一，申请书和个人简历必须按照规定的时间递交给招聘部门，以免丢失。

第二，每个申请人在招聘过程中的某些重要活动（如来公司见面），必须按时记录。

第三，组织应该及时对申请者的工作申请做出书面答复，否则会给申请人造成该组织工作不力或傲慢的印象。

第四，申请人和雇主关于就业条件的讨论应该以公布的招聘规定为依据，并及时记录。如果同一个申请人在不同的时间或不同的部门得到的待遇相差很大，必然会出现混乱。

第五，没有接受组织雇用条件的申请者的有关材料应该保存一段时间。

企业招聘周期的长度要受到许多因素的影响。首先，不同的工作岗位空缺填补的时间有所不同；在不同的社会中，劳动力市场的发达程度不同，组织的招聘周期也不一样；此外，组织人力资源计划的质量对招聘周期也有影响。一般而言，组织中空缺持续的时间既反映了发现申请人的难度，也反映了组织招聘和选择过程的效率。

第三节　招聘渠道的类别及其选择

一、应征者的内部来源

企业首先要确定自己的目标劳动力市场及其招聘收益的水平，然后选择最有效的吸引策略。招聘策略包括负责招聘的人员、招聘的来源和招聘方法三个主要方面。在设计外部招聘策略时，可以根据以下步骤进行：第一，对组织总体的环境进行研究，这需要对组织的发展方向进行分析，然后进行工作分析；第二，在此基础上推断组织所需要的人力类型，这需要考虑员工的技术知识、工作技能、社会交往能力、员工的需要、价值观念和情趣等各方面；第三，设计信息沟通的方式，使组织和申请人双方能够彼此了解相互适应的程度，为此，需要对员工的人格、认知能力、工作动力和人际关系能力进行测试，与日后可能的同事进行面谈，开展真实工作预览。

实际上，企业中绝大多数工作岗位的空缺是由公司的现有员工填充的，因此公司内部是最大的招聘来源。在企业运用内部补充机制时，通常要在公司内部张贴工作告示，其内容包括工作说明书和工作规范中的信息以及薪酬情况，说明工作机会的性质、任职资格、主管的情况、工作时间和待遇标准等相关因素。这样做的目的是让企业的现有员工有机会将自己的技能、工作兴趣、资格、经验和职业目标与工作机会相互比较。工作告示是最常使用的吸引内部申请人的方法，特别适用于非主管级别的职位。在这一过程中，人力资源部门必须承担全部的书面工作，以确保遴选出最好的申请人。

内部补充机制有很多优点：第一，得到升迁的员工会认为自己的才干得到组织的承认，因此积极性和绩效都会提高；第二，内部员工比较了解组织的情况，为胜任新的工作岗位所需要的指导和训练会比较少，离职的可能性也比较小；第三，提拔内部员工可以提高所有员工对组织的忠诚度，使他们在制定管理决策时，能做比较长远的考虑；第四，上级对内部员工的能力比较了解，因此，提拔内部员工比较保险。

二、招聘广告

招聘广告是补充各种工作岗位都可以使用的吸引方法，因此应用最为普遍。阅读这些广告的不仅有工作申请人，还有潜在的工作申请人，以及客户和一般大众，所以公司的招聘广告代表着公司的形象，需要认真实施。

企业使用广告作为吸引工具有很多优点。第一，工作空缺的信息发布迅速，能够在一两天之内就传达给外界。第二，同许多其他吸引方式相比，广告渠道的成本比较低。第三，在广告中可以同时发布多种类别工作岗位的招聘信息。第四，广告发布方式可以给企业保留许多操作上的优势，这体现在企业可以要求申请人在特定的时间段内亲自来企业、打电话或者向企业的人力资源部门邮寄自己的简历和工资要求等方面。此外，企业还可以利用广告渠道来发布"遮蔽广告"。遮蔽广告指的是在招聘广告中不出现招聘企业名称的广告，这种广告通常要求申请人将自己的求职信和简历寄到一个特定的信箱。

使用广告启事时要注意两点。第一，媒体的选择。广告媒体的选择取决于招聘工作岗位的类型。一般来说，低层次职位可以选择地方性报纸，高层次或专业化程度高的职位则要选择全国性或专业性的报刊。第二，广告的结构。广告的结构要遵循"AIDA"原则，即注意（attention）、兴趣（interesting）、欲望（desire）和行动（action）。换言之，好的招聘广告要能够引起读者的注意并产生兴趣，继而产生应聘的欲望并采取实际的应征行动。

企业的招聘广告应该向员工传达企业的就业机会，并为本企业塑造一个正面的形象，同时提供有关工作岗位的足够信息，以使那些潜在的申请人能够将工作岗位的需要同自己的资格和兴趣进行比照，并唤起那些最好求职者的热情前来申请。这不仅适用于企业在外部劳动力市场进行招聘，也适用于企业在内部劳动力市场的招聘工作。

三、职业介绍机构

改革开放以来，我国已经出现了许多职业介绍机构。职业介绍机构的作用是帮助雇主选拔人员，节省雇主的时间，特别是在企业没有设立人事部门或者需要立即填补空缺时，可以借助于职业介绍机构。但是，如果需要长期借助职业介绍机构，就应该把工作说明书和有关要求告知职业介绍机构，并委派专人同几家职业介绍机构保持稳定的联系。

四、猎头公司

猎头公司是一种与职业介绍机构类似的就业中介组织，但是由于它特殊的运作方式和服务对象的特殊性，经常被看作一种独立的招聘渠道。一个被人们广泛接受的看法是，那些最好的人才已经处于就业状态，猎头公司是一种专门为雇主"搜捕"和推荐高级主管人员和高级技术人员的公司，他们设法诱使这些人才离开正在服务的企业。猎头公司的联系面很广，而且它特别擅长接触那些正在工作并对更换工作还没有积极性的人。它可以帮助公司的最高管理当局节省很多招聘和选拔高级主管等专门人才的时间。但是，借助猎头公司的费用要由用人单位支付而且费用很高，一般为所推荐人才年薪的1/4到1/3。

无论是借助猎头公司寻找人才的企业还是被猎头公司推荐的个人，都需要注意许多问题。使用猎头公司的企业需要注意的是，第一，必须首先向猎头公司说明自己需要哪种人才及其理由。第二，了解猎头公司开展人才搜索工作的范围。第三，了解猎头公司直接负责指派任务的人员的能力，不要受其招聘人物的迷惑。第四，事先确定服务费用的水平和支付方式。第五，选择值得信任的人。这是因为猎头公司为你搜索人才时不仅会了解本公司的长处，还要了解本公司的短处，所以一定要选择一个能够保密的人。第六，向这家猎头公司以前的客户了解其服务的实际效果。

五、校园招聘

大学校园是专业人员与技术人员的重要来源。公司在设计校园招聘活动时，需要考虑学校的选择和工作申请人的吸引两个问题。在选择学校时，组织需要根据自己的财务约束和所需要的员工类型来进行决策。如果财务约束比较紧张，组织可能只在当地的学校中来选择；而实力雄厚的组织通常在全国范围内进行选择。

在大学校园招聘中，一个经验是最著名的学校并不总是最理想的招聘来源，其原因是这些学校的毕业生可能自视甚高，不愿意承担具体而烦琐的工作，这在很大程度上妨碍了他们对经营的理解和管理能力的进步。像百事可乐公司就很注意从二流学校中挖掘人才。

大学毕业生在选择申请面试的公司时主要考虑的问题是公司在行业中的名声、公司提供的发展机会和公司的整体增长潜力等因素。一般而言，受商业周期对劳动力供求形势影响最明显的大学毕业生申请人，在商业周期走向高涨期间，他们是最大的受益者；而在商业周期走向衰退期间，他们是最大的受害者。因此，大学生应该重视招聘环节对就业机会的影响要想方设法给招聘者留下一个深刻的印象。

六、员工推荐与申请人自荐

过去，许多公司严格限制家庭成员在一起工作，以避免过于紧密的个人关系会危害人事决策的公正性。不过，现在已经有很多公司逐渐认识到，通过员工推荐的方法雇用现有员工的家属或者朋友有很多好处。这种方式既可以节省招聘人才的广告费和付给职业介绍机构的费用，还可以得到忠诚而可靠的员工。但如果员工推荐的工作申请人的特征与组织的要求不匹配，不仅会影响自己在企业中的地位，也将危害到自己和被推荐者之间的关系。

七、临时性雇员

随着市场竞争的加剧，企业面临的市场需求常常会发生波动，而且企业还要应付经济周期的上升和下降。在这种情况下，企业往往需要在保持比较低的人工成本的同时，使企业的运营具有很高的适应性和灵活性。为此，企业可以把关键员工数量限制在最低的水平上，同时建立临时员工计划。

这种计划可以有四种选择。第一种，内部临时工储备。企业可以专门向外部进行招聘，也可以把以前曾经雇用过的员工作为储备，这些员工随叫随到。第二种，通过中介机构临时雇用。企业可以同那些保持和管理劳动力储备的中介就业服务机构签订合同，临时性地使用这些人力。第三种，利用自由职业者，如与自由撰稿人和担当顾问的专家签订短期服务合同。第四种，短期雇用，即在业务繁忙的时期或者一个特定的项目进行期间招聘一些短期服务人员。

八、招聘来源的比较

组织在进行招聘时必须使潜在的工作申请人知道存在的工作机会。在现实的招聘实践中，组织有多种招聘来源可以选择，而组织具体选择哪种招聘方式在很大程度上取决于组织的传统和过去的经验。原则上，组织所选择的招聘渠道应该能够保证组织以合理的成本吸引到足够数量的高质量的工作申请人。招聘专业人员最有效的三个途径依次是员工推荐、广告和职业介绍机构。招聘管理人员的三个最有效途径依次是员工推荐、猎头公司和广告。

各种招聘来源吸引来的员工的工作前程可能具有不同的特征。通过员工推荐进入组织的员工通常不会在很短的时间内离职。其原因可能有以下三方面：一是推荐者已经事先向被推荐者详细介绍了组织的情况，使得他进入组织后没有产生强烈的意外和失望；二是被推荐者已经通过了推荐者按照组织的需要进行的筛选；三是推荐者对被推荐者可能施加了某种压力，使其比较稳定地工作。被推荐进入组织的员工在开始时获得的报酬水平比较高，但是在随后的晋级中，薪酬增加得比较缓慢。其原因可能是开始时组织对被推荐者的资格比较确信，但是随后的长期表现说明开始时对他们的评价存在着高估的现象。

第四节　应征者的求职过程

一、申请人选择工作方式的类型

在企业的招聘过程中，工作申请人的行为对企业招聘工作的成败具有重要的影响。而且现代人力资源管理非常重视员工的工作生活质量，因此对工作申请人本身的考察也就构成了人力资源管理的重要内容。

在申请人寻找工作的过程中，他们首先确定自己的目标职业，然后再选择设置这种职业岗位的组织。人们在自己的职业选择中遵循的原则是最大化自己的终生收入的现值，但是实际上影响个人职业选择的因素有很多，其中包括父母的职业、个人的教育背景、经济结构调整对劳动力市场产生的约束和引导等。在这一点上，组织也并不是完全无能为力。有些组织在大学、中学甚至小学中设立奖学金或奖教金，目的是加强在读的学生对组织所在行业的认识和兴趣。在开始具体的求职活动以前，对于职业的选择缩小了工作申请人选择目标组织的范围。

大学毕业生是典型的求职者，以他们的行为特征为例，在求职过程中，大学毕业生所采用的取舍标准可以划分为以下几种类型：第一种，最大化标准，这种大学生尽可能多地参加面试，得到尽可能多的录用通知，然后再根据自己设定的标准理性地选择工作；第二种，满意标准，这种大学生接受他们得到的第一个工作机会，并认为各个公司之间没有什么实质性的差别；第三种，有效标准，这种大学生在得到一个自己可以接受的工作机会后再争取下一个机会，然后在这两者之间进行比较，并选择其中比较合意的一个。

有人把大学生求职的方法划分为补偿性方法和非补偿性方法。所谓的补偿性方法是指大学生对每一个获得的工作机会都收集全面的信息，然后根据自己设定的所有重要标准把每个可以选择的工作机会与所有其他的工作机会进行比较，在某些标准方面价值比较低的工作机会可能在其他方面具有比较高的价值，最后大学生将选择一个总体价值最大的工作机会。但是，人们的时间、耐心和精力都是有限的，因此实际上人们很少这样理性地来选择工作，而是采用所谓的"有限理性"原则来处理这一问题。有限理性原则是指人们采用一些简化的策略。具体方法是首先把那些在薪水、工作地点等关键的标准方面没有达到自己要求的工作机会排除，然后在剩下的比较少的工作机会中通过全面比较来进行选择。组织了解求职者的求职方式对于设计招聘活动是非常必要的。

二、工作申请人与组织的目标冲突

在招聘过程中充满了很多冲突。第一种冲突是工作申请人的内在冲突，即申请人既要表现出自己的个人魅力，对组织的信息做出积极的反应；同时又要通过提供自己能力的真实情况来评估和选择组织，并询问组织将提供的报偿等方面的问题。第二种冲突是组织的内在冲突，即组织既要表现出最具吸引力的组织特征，并尽力要使工作申请人在招聘环节感觉轻松，又要提出各种棘手的问题来区分合格的申请人和不合格的申请人。第三种冲突是工作申请人和组织之间的冲突。有两种表现形式：第一种是组织在极力表现自己对员工吸引力的时候，可能无法提供给工作申请人用来判断组织真实情况的信息；第二种是工作申请人在极力表现自己价值的时候，可能无法为组织提供用来评价工作申请人真实情况的信息。由此可见，组织而言，有效的招聘工作需要在现实性和理想主义之间取得平衡。

总之，一个完整的招聘计划要求组织考虑工作申请人的资格确定、沟通方式和沟通渠道、计划提供的补偿、录用决策制定和发布的时间，安排招聘考官，做好对冲突的协调工作。

三、准备简历

（一）简历的内容

工作申请人需要准备一份合适的简历。简历是申请人给公司的第一印象，所以一定要体现出专业、简练和出众的特征，需要结构平衡、讲究文法、界面清晰。简历一般要包括以下几方面：①身份，说明申请人的姓名、地址和电话号码等；②申请人的职业抱负或前程目标；③教育背景，包括与所申请的工作密切相关的学习课程；④工作经历，列举与所申请的工作相关的部分；⑤参加过的团体和活动；⑥与所申请的工作有关的兴趣和爱好；⑦发表过的论文或文章；⑧推荐人。

（二）求职信

在向目标组织递交简历的同时一般应该有一封求职信。在准备求职信时应该注意以下几方面：①虽然在申请工作时可能要向多家公司递交申请，但是每封求职信都必须分别打印，绝对不能用复印件，在现代印刷技术已经非常普及的今天，有时一份手写的求职信会有意想不到的效果；②尽可能不把求职信寄送给某个部门，而是应该寄送给某个具体的人，如果有重要的人物鼓励你申请这个工作，最好在经过他的同意之后在求职信中提及他的名字；③求职信要简明扼要，篇幅限定在一页纸之内，陈述自己对所申请职位的兴趣，说明求职优势，请求得到一个面试的机会。

四、面试

面试是求职者取得职位过程中重要的一环。现在的用人单位越来越看重人员的综合素质，诸如自信心、合作性、交往时的敏感力、分析解决问题的能力等。能否在面试过程中表现出这些良好素质，将会左右考官对应征者的印象。国内外心理学研究表明，在面试过程中，成功的面试者往往有以下的行为表现，与不成功者有明显区别。

（一）对理想职位有明确目标

成功的求职者往往对所需的职位有着具体而一致的概念，能明确地解释自己为什么会有这样的设想。例如，一名求职者在应聘市场工作时可能会提及自己擅长与人打交道，并希望从事这样的工作。相反，不成功的应聘者对自己想做什么只有模糊的概念，甚至可能在面试中数次改变"理想工作"的定义。如果一个人不能有所侧重，这表明他对他的职业还没有明晰的蓝图，考官自然会对应试者的能力打上问号。

（二）提及应聘公司的名称

这一点看似小节，却能显示应征者是否对公司有好感，并愿意在其中工作。研究表明，面试考官都很看重这一点，他们对经常提及公司名称的人有明显好感。面试失败的人大都很少提及公司的名称，而成功者提及公司名称的频率比他们高出几倍之多。

（三）对公司及应聘职位有较多了解

这一点也能向考官表明应试者对公司很感兴趣。成功的应聘者往往会明确表明他们已收集了多方面有关公司的资料，并会提及这些资料的来源，如书刊、公司宣传手册或来自朋友等。而不成功的人往往表现出对公司情况所知甚少，并想利用面试机会来收集信息。

（四）尽量具体地回答问题

不成功的面试者回答问题都很简略，短短一句话或几个字就算回答，有时只是一些浅浅的回答，如"不错"等，没有补充细节，无法真正使提问者得到足够的信息。而成功者对于每一个陈述都会提供有力的支持，如个人经历、比较、统计结果、老师或上司的许诺等。

（五）应征者恰当提问

面试快结束时，求职者可以有机会问一些感兴趣的问题，这时候，不成功者一般很少提问题，或者提一些与工作无关的问题。而成功者往往会多问一些根据对公司及其行业的了解而提出的具体问题，如目前经济形势，公司有无大规模计划，或一些有关自身的问题。

（六）对时间与话题的控制能力

在不成功者的面试过程中，只有百分之三十七的时间是应征者在讲话，剩下的时间都是主考官在谈，同时，大部分话题都是主考官提出的，应试者只提供了百分之三十六的新话题。而相比之下，成功者则大为主动，他们占用了百分之五十五的谈话时间，并提供了百分之五十六的新话题，这能充分体现他们在与人交往中的积极主动与自信。

第五节　员工招聘与甄选的方法

一、心理测验方法

甄选工作在整个招聘过程中的地位与作用日渐突出，应该借助于多种甄选手段来公平、客观地进行正确的决策。因此，在长期的人力资源招聘工作实践中，发展了许多种实用的甄选方法，具体包括面试法、测验法（技能、智能测验法，知识测验法，品性测验法等）、评价中心法、个人信息法、背景检验法、笔迹学法等。当前使用得最广泛的、最主要的甄选方法是心理测验法、面试法及评价中心技术。为了对心理测验有个较为全面的理解，下面拟从心理测验的发展、定义、形式、特点等方面做简单介绍。

（一）心理测验定义

心理测验产生于对个别差异鉴别的需要，广泛应用于教育、企事业组织人才的挑选与评价。在这一过程中，人们编制了许许多多的心理测验。心理测验实质上是行为样组的客观的和标准化的测量。

（二）测验的种类与形式

依据不同的标准，心理测验可以划分出不同的类别。

根据测验的具体对象，可以将心理测验划分为认知测验与人格测验。认知测验测评的是认知行为，而人格测验测评的是社会行为。

认知测验又可以按其具体的测验对象，分为成就测验、智力测验及能力倾向测验。成就测验主要测评人的知识与技能，是对认知活动结果的测评；智力测验主要测评认知活动中较为稳定的行为特征，是对认知过程或认知活动的整体测评；能力倾向测验是对人的认知潜在能力的测评，是对认知活动的深层次测评。

人格测验按其具体的对象，可以分成态度、兴趣与道德（包括性格）测验。

根据测验的目的，可以将心理测验划分为描述性、预测性、诊断咨询性、挑选性、配置性、计划性、研究性等形式。

根据测验的材料特点，可以将心理测验划分为文字性测验与非文字性测验。文字性测验即以文字表述，让被试者用文字作答。典型的文字测验即纸笔测验。非文字性测验，包括图形辨认、图形排列、实物操作等方式。

根据测验的质量要求，有标准化测验与非标准化测验。

根据测验的实施对象，有个别测验与团体测验。

根据测验中是否有时间限制，有速度测验、难度测验、最佳行为测验、典型行为测验。

根据测验应用的具体领域，有教育测验、职业测验、临床测验、研究性测验。

心理测验形式与心理测验的类别是有所不同的。心理测验的形式，是指测验的表现形式，包括刺激与反应两方面。划分的标准不同，形式也就各异。

按测验目的与意图表现的程度划分，有结构明确的问卷法与结构不明确的投射法。后者所表现的刺激为意义不明确的各种图形、墨迹、词语，让被测者在不受限制的情境下，自由地做出反应，从而分析反应结果来推断测验的结果；前者所表现的则为一系列具体明确的问题，它们从不同方面来了解被试者的素质情况，要求被试者按实际情况作答。

根据测验时被试者反应的自由性来看，有限制反应型与自由反应型。投射测验属于自由反应型，而强迫选择属于限制反应型。按测验作答结果的评定形式，有主观型与客观型之分。从作答方式来看，有纸笔测验、口头测验、操作测验、文字测验与图形、符号、实践等测验形式。从测验反应场所来看，有一般测验、情境测验及观察评定测验。一般测验是对被试者在行为样组上反应的测评；情境测验是对被试者在模拟情境中反应的测评；观察评定测验，是对被试者在日常实际情况下行为表现的测评。

二、面试方法

面试的历史虽然源远流长，但人们却至今未能对面试形成一致的看法，众说纷纭。

（一）面试的概念与内容

1.面试的概念

面试，可以说是一种经过精心设计，在特定场景下，以面对面的交谈与观察为主要手段，由表及里测评应试者有关素质的一种方式。

在这里，"精心设计"的特点使它与一般性的面谈、交谈、谈话相区别。面谈与交谈，强调的只是面对面的直接接触形式与情感沟通的效果，并非经过精心设计。"在特定场景下"的特点，使它与日常的观察、考察测评方式相区别：日常的观察、考察，虽然也少不了面对面的谈话与观察，但那是在自然情景下进行的。"以面对面的交谈与观察为主要手段，由表及里测评"的特点，不但突出了面试"问""听""察""觉""析""判"的综合性特色，而且使面试与一般的口试、笔试、操作演示、情景模拟、访问调查等人才素质测评的形式区别开来。口试强调的只是口头语言的测评方式及特点，而面试还包括对非口头语言、行为的综合分析、推理及直觉判断。"有关素质"说明了面试的功能并非万能的，在一次面试中，不要面面俱到地去测评人的一切素质，而要有选择地针对其中一些必要素质进行测评。

2. 面试的内容

①仪表风度：应聘者的体格状态、穿着举止、精神风貌。②求职的动机与工作期望：判断本单位提供的职位和工作条件是否能满足其要求。③专业知识与特长：从专业的角度了解其特长及知识的深度与广度。④工作经验：应聘者以往的经历及其责任感、思维能力、工作能力等。⑤工作态度：应聘者过去的工作业绩及其对所谋职业的态度。⑥事业心、进取心：事业的进取精神、开拓精神。⑦语言表达能力：口头表达的准确性。⑧综合分析能力：分析问题的条理性、深度。⑨反应能力：思维的敏捷性。⑩自控能力：理智与耐心。⑪ 人际关系：社交中的角色，为人的好恶。⑫ 精力与活力：精、气、神的表现。⑬ 兴趣与爱好：知识面与嗜好。

（二）面试的特点

与其他人才素质测评的方式相比，面试有其相对独特之处。

1. 对象的单一性

面试的方式有个别面试与集体面试两种。在集体面试中，几个考生可以同时坐在考场之中，但主考官不是同时分别考不同的考生，而一般是逐个提问逐个测评。即使在面试中引入辩论、讨论，评委们也是逐个提问逐个观察的。

2. 内容的灵活性

单位时间内面试对象是单一的，因此面试的具体内容可以自由调节。面试的问题虽然事先可以设计一番，准备很多很多的试题，但绝不是向所有考生都提同样的问题，按统一的步骤与内容进行。实际上面试的问题可多可少，视所获得的信息是否足够而定；同一问题可深可浅，视主考官的需要而定；所提的问题可异可同，视应试者情况与面试要求而定。因此面试的时间可长可短。但就目前一般情况来看，面试时间大约三十分钟，一般提十个问题。

面试内容的灵活变化也是必要的。首先，面试内容因工作岗位不同而无法固定，岗位不同，工作性质、职责以及任职资格与要求也就不同；其次，应试者的经历、背景不尽相同，因而所提问题及回答要求就应该有所区别；最后，同一个问题，每个考生回答的方式与内容不尽相同，主考官后续的提问就应该针对应试者回答的情况变化而变化。

3. 信息的复合性

与测验、量表等测评方式不同，面试对任何信息的确认，都不是通过单一的视（眼）、听（耳）、想（脑）等信息通道进行，而是通过主考官对应试者的问（口）、察（眼与脑）听（耳）、析（脑）、觉（第六感）综合进行的。也就是说，对于同一素质的测评，既注意收集它的语言形式信息，又注意收集它的非语言形式信息，这种信息复合性增强了面试的可信度。

4. 交流的直接互动性

与笔试、观察评定不同，面试中应试者的回答及行为表现，与主考官的评判是相连接的，中间没有任何中介转换形式。面试中主考官与应试者的接触、交谈、观察也是相互的，是面对面进行的。主客体之间的信息交流与反馈也是相互作用的。而笔试与观察评定对命题人、评分人严加保密，不让被试者知道。

5. 判断的直觉性

其他测评大多数是理性的逻辑判断与事实判断，面试的判断带有一种直觉性。它不仅仅依赖主考官严谨的逻辑推理与辩证思维，也往往包括很大的印象性、情感性及第六感特点。常常一见某人便觉察出了他的某种素质特点，但又说不出所以然来。

（三）面试的功能作用

任何一种测评方法只有当它具有某种特殊的功能作用时，才有存在的价值。面试与其他素质测评方法相比，有以下几点功用：

1. 可以有效地避免高分低能者或冒名顶替者入选

一般来说，笔试是严谨的，成绩高者其能力也高。但是，由于目前笔试方式操作的局限性，考试中存在高分低能者、冒名顶替者在所难免。招聘录用干部时发现，有的人笔试成绩虽然很高，但面试时言语木讷，对所提问题的回答见识浅薄，观点幼稚；有的则表现出只能背书，分析问题和解决问题的能力很差；有的则是冒名顶替者，一问三不知。

2. 可以弥补笔试的失误

测验或问卷等笔试，有的人因误解、学习条件差、转行或紧张等原因没有发挥好，如果仅以笔试成绩为录用依据，那么这些人就没有机会被录用了。如果再采用面试形式，则这些人可以有机会再次表现。有些人虽然笔试成绩不算很高，但面试对答如流，能力很强，显示出很大的发展潜力，从而成为理想的人选。

3. 可以考查笔试与观察中难以测评到的内容

笔试以文字为媒介来测评人的素质水平，即以文观人。但文何以能与人同呢？有些内容文字是无法表现的，例如仪表、风度、口头表达能力、反应快慢等。

有些素质虽然可以通过文字形式来表达，但因为应试者的掩饰行为或某种困惑而无法表达，可以通过面试来测评。

4. 可以灵活、具体、确切地考查一个人的知识、能力、经验及品德特征

由于面试是一种主考官与应试者间的互动可控的测评方式，测评的主动权主要控制在主考官手里，测评要深即深，要浅即浅，要专即专，要广即广，具有很强的灵活性、调节性与针对性。而笔试、情景模拟与观察评定均不如面试。

5. 可以测评个体的任何素质

只要时间充裕，设计精细，手段适当，面试可以测评个体的任何素质。问、察及触摸可以测评一个人的身体素质，肤色、舌苔、脉搏、气色等都是我国中医用来诊断病情的指标，显然由此可以建立一套测评身体健康程度的指标，测评身体素质。

三、评价中心技术

评价中心技术简称评价中心，对我国许多人来说，还是一个陌生名词。评价中心是什么，有哪些形式，起源于何时，有什么特点，诸如此类的问题，人们都还不清楚。

（一）历史探源

评价中心技术被认为是现代人才素质测评的一种新方法，起源于用于挑选军官的多项评价程序。其中一项是对领导才能的测评，测评的方法是让被试者参加指挥一组士兵，他必须完成一些任务或者向士兵们解释一个问题。在此基础上，评价员再对他的面部表情、讲话形式和笔迹进行观察。

（二）测评技术

评价中心技术综合运用了各种测评技术。它的主要特点是使用情景性的测验方法对被试者的特定行为进行观察和评价。这种方法通常将被试者置于一个模拟的工作情境中，采用多种评价技术，观察和评价被试者在这种模拟工作情境中的心理和行为。因此，这种方法有时被称为情境模拟法。评价中心技术的活动形式主要包括公文处理、小组讨论、管理游戏、角色扮演、个人演说等，然后根据所给的材料撰写报告、做案例分析等。

1. 公文处理

公文处理是以书面材料的形式提供给被试者若干需要解决的问题以及相关的背景资料，让其在较短的时间内进行处理，以考察其分析问题及解决问题的能力的一种评价方法。公文处理可以有效地测试被试者利用信息的能力、系统思维的能力以及决策能力，具有较高的信度及效度。

2. 小组讨论

小组讨论是给被测试的小组一个待解决的问题，由他们展开讨论以解决问题，评价者

则通过对该过程的观察来对被试者的人际能力，在群体里分析、解决问题的能力以及领导方式等进行评价。小组讨论有多种形式，如无领导小组讨论、有领导小组讨论、不指定角色小组讨论、指定角色小组讨论等。

3. 管理游戏

管理游戏是指设计一定的情景，分给被试小组一定的任务由他们共同完成，如购买、搬运等，或者在几个小组之间进行模拟竞争，以评价被试者的合作精神、领导能力、计划能力、决策能力等的一种评价方法。管理游戏一般具有较强的趣味性，但设计的工作量大。管理游戏一般具有较好的信度及效度。

4. 角色扮演

角色扮演是在一个精心设计的管理情景中，让被试者扮演其中的角色以评价其胜任能力的模拟活动。要提高评价的准确性，管理情景的设计是关键，情景中的人际矛盾与冲突必须具有一定的复杂程度，使得被试者只能按其习惯方式采取行动，从而降低伪装的可能性。

5. 个人演说

通过让被试者就一指定的题目发表演讲来评价其沟通技能和说服能力。

（三）其他测评技术

人力资源测评方法除以上几种外，在组织中应用较多的还有观察评定法、申请表法、民意测验法、履历分析法等。

1. 观察评定法

观察评定法是借助一定的量表，在观察的基础上对人的素质进行评价的一种测评活动。观察评定具有以下几种基本类型：日常观察评定、现场观察评定、间接观察评定等。其优点是客观、方便；缺点是可控性差，观察结果难以记录及处理。

2. 申请表法

申请表法是通过分析求职者在申请表上所提供的信息，对其素质进行判断、预测的一种测评方法。申请表法是素质测评中最常用的方法之一。对求职量特别大的组织来说，该方法可以提高筛选的效率。

3. 民意测验法

民意测验对敬业精神、合作意识、工作态度、领导方式等素质项目的测评具有较好的效果。主要原因是上述素质要素在其他测评方法中被试者易于伪装，民意测验法则能有效地消除伪装的影响。

4. 履历分析法

履历分析法是指根据档案记载的事实，了解一个人的成长历程和工作业绩，从而对其素质状况进行推测的一种评价方法。该方法可靠性高，成本低，但也存在档案记载不详而无法全面深入了解的弊端。

第三章　员工培训与开发

第一节　培训与开发

一、培训与开发的概念

现代人力资源管理的目的就是组织最大限度地发挥员工能力，提高组织绩效。在人力资源管理理论中，培训与开发是两个既有区别又有联系的概念。

（一）基本概念

培训与开发是指组织为了使员工获得或改进与工作有关的知识、技能、动机、态度和行为，有效提高员工的工作绩效以及帮助员工对企业战略目标做出贡献，所做的有计划的、系统的各种努力。

（二）培训与开发的历史沿革

虽然有人认为培训与开发是新兴领域，但在实践中，人类组织培训与开发的历史源远流长，可以追溯到 18 世纪。20 世纪六七十年代，培训的主要功能是辅导和咨询有关知识和技术、人际交往功能等方面的问题。随着企业商学院、企业大学的成立和成功运作，自 20 世纪 80 年代以来，培训成为企业组织变革、战略人力资源开发的重要组成部分。

二、培训与开发人员及其组织结构

人力资源开发人员的素质不仅关系其自身的发展，而且也关系着整个企业人力资源开发职能工作的质量。不同的企业人力资源开发部门的组织结构存在较大差异，因此有必要了解培训与开发人员及其组织结构。

（一）专业培训与开发人员和组织的诞生

美国培训与发展协会，是全球最大的培训与发展行业的专业协会，是非营利的专业组织，定期发表行业研究报告，颁发专业资格证书，举办年会以及各种培训活动等。

（二）培训与开发人员的资格认证

人力资源开发人员的认证可以分为社会统一资格认证体系和组织内部资格认证体系。目前统一采用人力资源专业人员的资格证书，美国人力资源协会的注册高级人力资源师和人力资源师。

（三）培训与开发的组织结构

企业规模、行业、发展阶段不同，培训与开发的组织结构也不同，主要模式有学院模式、客户模式、矩阵模式、企业大学模式、虚拟模式五种。

三、培训与开发在人力资源管理中的地位

随着信息技术、经济全球化的发展，受到终身学习、人力资源外包等因素的挑战，培训与开发在人力资源管理中的地位日益提升，对培训与开发人员提出了新的、更高的要求。同时，企业战略和内在管理机制不同，也要求提供相应的培训与开发支持。

（一）培训与开发是人力资源管理的基本内容

1. 培训与开发是人力资源管理的基本职能

人力资源管理的基本职能包括获取、开发、使用、保留与发展，现代培训与开发是充分发挥人力资源管理职能必不可少的部分。

2. 培训与开发是员工个人发展的客观要求

接受教育与培训是每个社会成员的权利，尤其是在知识经济时代，知识的提高及知识老化、更新速度的加快客观上要求员工必须不断接受教育和培训，无论从组织发展的角度，还是从员工个人发展的角度，员工必须获得足够的培训机会。

3. 培训与开发是国家和社会发展的客观需要

人力资源质量的提高对国家和社会经济的发展，以及国际竞争力的提升具有重要作用。世界各国都非常重视企业员工的培训问题，并制定了相关的法律和政策加以规范，并对企业的培训和开发工作给予相关的支持和帮助。

4. 培训与开发与人力资源管理其他功能模块的关系

培训、开发与人力资源管理各方面都相互联系，尤其是人力资源规划、职位设计、绩效管理、甄选和配置等联系更为紧密招聘甄选后便要进行新员工的入职培训，培训与开发是员工绩效改进的重要手段，职位分析是培训需求分析的基础，人力资源规划则确定培训与开发的阶段性与层次性。

（二）培训与开发在人力资源管理中的地位和作用的变迁

1. 员工培训与开发伴随着人力资源管理实践的产生而产生

培训与开发是人类社会生存与发展的重要手段。通过培训而获得的知识增长和技能优化有助于提高劳动生产率。

2. 现代培训与开发逐渐成为人力资源管理的核心内容

在全球化的背景下，培训已成为许多国际大企业大公司组织的重点，以满足高质量要求的工作挑战。同时，多元化带来的社会挑战、技术革新使员工的技能要求和工作角色发生变化，使得员工需要不断更新专业知识和技能。

3. 培训与开发是构建学习型组织的基础

随着传统资源的日益稀缺，知识经济的形成和迅速发展，21 世纪最成功的企业是学习型组织。不论利润绝对数，还是销售利润率，学习型企业都比非学习型企业高出许多。培训与开发作为构建学习型组织的基础，具有重要的地位。

（三）战略性人力资源管理对培训的内在要求

战略性人力资源管理是指企业为实现目标所进行和所采取的一系列有计划、具有战略意义的人力资源部署和管理行为。

四、培训与开发的发展趋势

目前，培训与开发规模日益壮大，培训与开发水平不断提高，培训与开发技术体系日益完善，培训开发理论体系逐渐形成，人力资源培训与开发领域呈现出以下几方面的发展趋势：

（一）培训与开发的目的

更注重团队精神，培训与开发的目的比以往更加广泛，除了新员工上岗引导、素质培训、技能培训、晋升培训、轮岗培训之外，培训开发更注重企业文化、团队精神、协作能力、沟通技巧等。这种更加广泛的培训开发目的，使每个企业的培训开发模式从根本上发生了变化。

（二）培训与开发的组织

转向虚拟化和更多采用新技术，虚拟培训与开发组织能达到传统培训组织所无法达到的目标。虚拟培训与开发组织是应用现代化的培训与开发工具和培训与开发手段，借助社会化的服务方式而达到培训与开发的目的。现代化的培训与开发工具及手段包括多媒体培训与开发、远程培训与开发、网络培训与开发、电视教学等。在虚拟培训与开发过程中，虚拟培训与开发组织更加注意以顾客为导向，凡是顾客需要的课程、知识、项目、内容，都能及时供给并更新原有的课程设计。虚拟培训与开发组织转向速度快，更新知识和更新课程有明显的战略倾向性。

（三）培训与开发效果

注重对培训与开发效果的评估和对培训与开发模式的再设计。控制反馈实验是检验培训开发效果的正规方法。组织一个专门的培训开发效果测量小组，对进行培训与开发前后的员工的能力进行测试，以了解培训与开发的直接效果。对培训与开发效果的评价，通常有四类基本要素。一是反应：评价受训者对培训开发计划的反应，对培训开发计划的认可度及感兴趣程度。二是知识：评价受训者是否按预期要求学到所学的知识、技能和能力。三是行为：评价受训者培训开发前后的行为变化。四是成效：评价受训者行为改变的结果，如顾客的投诉率是否减少，废品率是否降低，人员流动是否减少，业绩是否提高，管理是否更加有序，等等。

（四）培训与开发模式：更倾向于联合办学

培训与开发模式已不再是传统的企业自办培训与开发的模式，更多是企业与学校联合、学校与专门培训与开发机构联合、企业与中介机构联合或混合联合等方式。社会和政府也积极地参与培训与开发，如再就业工程，社区也在积极地参与组织与管理。政府的专门职能部门也与企业、学校挂钩，如人事部门组织关于人力资源管理的培训，妇联组织关于妇女理论与实践的培训与开发和婚姻、家庭、工作三重角色相互协调的培训与开发等。

五、培训与开发体系

培训与开发是一项系统的工作，一个有效的培训与开发体系可以运用各种培训方式和人力资源开发的技术、工具，把零散的培训资源有机地、系统地结合在一起，从而保证培训与开发工作能持续地、有计划地开展下去。

（一）培训与开发体系

1. 培训与开发体系的定义

培训与开发体系是指一切与培训与开发有关的因素有序地组合，是企业内部培训资源的有机组合，是企业对员工实施培训的一个平台，主要由培训制度体系、培训资源体系、培训运作体系组成。

2. 培训与开发体系的建设与管理

（1）培训制度体系

培训制度是基础，包括培训计划、相关表单、工作流程、学员管理、讲师管理、权责分工、培训纪律、培训评估、培训档案管理制度等。建立培训体系首要工作就是建立培训制度、设计培训工作流程、制作相关的表单、制订培训计划。培训制度的作用在于规范公司的培训活动，作为保证培训工作顺利进行的制度依据。有效的培训制度应当建立在人力资源管理的基础上，与晋升考核等挂钩。

（2）培训资源体系

培训资源体系主要包括培训课程体系、培训资产维护、师资力量开发、培训费用预算等。

①培训课程体系

主要来源于岗位胜任模型，包括岗位式课程体系、通用类课程、专用类课程培训资源等。

②培训设施

培训必备工具（计算机、投影仪、话筒等）；培训辅助工具（摄影机、培训道具）；培训场地。

③培训教材

包括培训光碟、培训书籍、电子教材（软件）等。

④管理要求

定期检查、分类管理、过程记录、专人负责。

（3）培训运作体系

培训运作体系包括培训需求分析、培训计划制订、培训方案设计、培训课程开发、培训实施管控、培训效果评估。

（二）企业大学

1. 企业大学的定义

企业大学又称公司大学，是指由企业出资，以企业高级管理人员、一流的商学院教授及专业培训师为师资，通过实战模拟、案例研讨、互动教学等实效性教育手段，培养企业内部中级、高级管理人才和企业供销合作者，满足人们终身学习的一种新型教育、培训体系。

企业大学是比较完美的人力资源培训与开发体系，是有效的学习型组织实现手段，也是公司规模与实力的证明。

2. 企业大学的类型

（1）内向型企业大学

内向型企业大学是为构筑企业全员培训体系而设计的，学员主要由企业员工构成，不对外开放，如麦当劳大学、通用汽车的领导力发展中心等。

（2）外向型企业大学

外向型企业大学分为两类：一类是仅面向其供应链开放，将其供应商、分销商或客户纳入学员体系中，主要目的是支持其业务发展，如爱立信学院；另一类是面向整个社会，主要目的是提升企业形象或实现经济效益，如惠普商学院。

3. 企业大学理论模型

（1）企业大学轮模型

企业大学轮模型是把理想企业大学的五种元素整合到同一个理论结构中，并定义企业大学的重点是支持企业目标、协助知识的创新及组织的学习。企业大学轮模型整合了企业大学的流程、重要活动和相关任务，假设学习是产生在个体之内、个体与个体之间的活动和流程，试图把流程融入学术上的组织和学习理论，并把知识管理和学习型组织结合在同一个理论结构里。企业大学轮模型整合了作为理想企业大学的五种元素，这五种元素为支持企业目标的方式、网络和合作伙伴、知识系统和流程、人的流程，以及学习流程。

（2）企业大学创建轴承模型

在中国企业的企业大学创建研究和咨询中，南天竺公司搭建了"企业大学创建轴承模型"，概括出"1结合，2实体，3体系，4关键"的企业大学创建"1234法"，用简洁通俗的语言描述企业如何立足管理现状，有效地创建适合企业需要的企业大学：①结合，指以企业战略为核心，适应环境变化；②实体，指组建领导机构和执行部门；③体系，指建立课程体系、师资体系、评估体系；④关键，主要是财务规划、制度建设、需求分析、持续改善。

第二节　培训需求分析

一、培训需求分析的含义与作用

（一）培训需求分析的含义

所谓培训需求分析，是指在规划与设计每项培训活动之前，由培训部门、主管负责人、培训工作人员等采用各种方法与技术，对参与培训的所有组织及其员工的培训目标、知识结构、技能状况等方面进行系统的鉴别与分析，以确定这些组织和员工是否需要培训及如何培训，弄清谁最需要培训、为什么要培训、培训什么等问题，并进行深入探索研究的过程。

（二）培训需求分析的作用

培训需求分析作为现代培训活动的首要环节，在培训中具有重大作用，具体表现如下：

1. 充分认识现状与目标的差距

培训需求分析的基本目标就是确认差距，即确认绩效的应有状况同现实状况之间的差距。绩效差距的确认一般包含三个环节：一是必须对所需要的知识、技能、能力进行分析，即理想的知识、技能、能力的标准或模式是什么；二是必须对现实实践中缺少的知识、技能、能力进行分析；三是必须对理想的或所需要的知识、技能、能力与现有的知识、技能、能力之间的差距进行分析。这三个环节应独立并有序地进行，以保证分析的有效性。

2. 促进人事管理工作和员工培训工作的有效结合

当需求分析考虑到培训和开发时，需求分析的另一个重要作用便是能促进人事分类系统向人事开发系统的转换。包括企业在内的一般组织之中，大部分有自己的人事分类系统。人事分类系统作为一个资料基地，在做出关于补偿金、员工福利、新员工录用、预算等的决策方面非常重要，但在工作人员开发计划、员工培训和解决实际工作等方面的用处很小。

3. 提供解决工作中实际问题的方法

可供选择的方法可能是一些与培训无关的选择，如组织新设与撤销、某些岗位的人员变动、新员工吸收，或几个方法的综合。

4. 能够得出大量员工培训的相关成果

培训需求分析能够作为规划开发与评估的依据。一个好的需求分析能够得出一系列的研究成果，确立培训内容，指出最有效的培训战略，安排最有效的培训课程。同时，在培训之前，通过研究这些资料，建立起一个标准，然后用这个标准来评估培训项目的有效性。

5. 决定培训的价值和成本

如果进行了好的培训需求分析，并且找到了存在的问题，管理人员就能够把成本因素引入培训需求分析。这个时候，如果不进行培训的损失大于进行培训的成本，那么培训就是必要的、可行的。反之，如果不进行培训的损失小于培训的成本，则说明当前还不需要或不具备条件进行培训。

6. 能够获得各方面的协助

工作人员对必要的工作程序的忽视，并不能排除组织对工作人员承担的责任。如果一个组织能够证明信息和技能被系统地传授，就可以避免或减少不利条件的制约。同时，高层管理部门在对规划投入时间和金钱之前，对一些支持性的资料很感兴趣。中层管理部门和受影响的工作人员通常支持建立在客观的需求分析基础之上的培训规划，因为他们参与了培训需求分析过程。无论是组织内部还是外部，需求分析提供了选择适当指导方法与执行策略的大量信息，这为获得各方面的支持提供了条件。

二、培训需求分析的内容

培训需求分析的内容主要有三方面：培训需求的对象分析、培训需求的阶段分析、培训需求的层次分析。

（一）培训需求的对象分析

培训对象分为新员工培训和在职员工培训两类，所以培训需求的对象分析包括新员工培训需求分析和在职员工培训需求分析。

1. 新员工培训需求分析

新员工主要进行企业文化、制度、工作岗位的培训，通常使用任务分析法。新员工的培训需求主要产生于对企业文化、企业制度不了解而不能融入企业，或对企业工作岗位不熟悉而不能胜任新工作。对于新员工培训需求分析，特别是对于企业低层次工作的新员工培训需求，通常使用任务分析法来确定其在工作中需要的各种技能。

2. 在职员工培训需求分析

在职员工主要进行新技术、技能的培训，通常使用绩效分析法。由于新技术在生产过程中的应用，在职员工的技能不能满足工作需要等而产生培训需求。

（二）培训需求的阶段分析

培训活动按阶段，可分为针对目前存在的问题和不足所进行的目前培训和针对未来发展需要所进行的未来培训。因此，培训需求的阶段分析包括目前培训需求分析和未来培训需求分析。

1. 目前培训需求分析

目前培训需求是针对企业目前存在的不足和问题而提出的培训需求，主要包括分析企业现阶段的生产经营目标、生产经营目标实现状况、未能实现的生产任务、企业运行中存在的问题等，找出这些问题产生的原因，并确认培训是解决问题的有效途径。

2. 未来培训需求分析

这类培训需求是为满足企业未来发展需要而提出的培训需求，主要包括预测企业未来工作变化、职工调动情况、新工作职位对员工的要求以及员工已具备的知识水平和尚欠缺的部分。

（三）培训需求的层次分析

培训需求的层次分析从三个层次进行：战略层次、组织层次、员工个人层次。与此相对应，培训需求的层次分析可分为战略层次分析、组织层次分析和员工个人层次分析三种。

1. 培训需求的战略层次分析

战略层次分析要考虑各种可能改变组织优先权的因素，如引进一项新技术、出现了突发性的紧急任务、领导人的更换、产品结构的调整、产品市场的扩张、组织的分合以及财政的约束等；还要预测企业未来的人事变动和企业人才结构的发展趋势（如高中低各级人才的比例、老中青各年龄段领导的比例等），调查了解员工的工作态度和对企业的满意度，找出对培训不利的影响因素和可能对培训有利的辅助方法。

2. 培训需求的组织层次分析

组织层次分析主要分析的是企业的目标、资源、环境等因素，准确找出企业存在的问题，并确定培训是不是解决问题的最佳途径。组织层次的分析应首先将企业的长期目标和短期目标作为一个整体来考察，同时考察那些可能对企业目标发生影响的因素。因此，人力资源部必须弄清楚企业目标，才能在此基础上做出一份可行的培训规划。

3. 培训需求的员工个人层次分析

员工个人层次分析主要是确定员工目前的实际工作绩效与企业的员工绩效标准对员工技能要求之间是否存在差距，为将来培训效果的评估和新一轮培训需求的评估提供依据。对员工目前实际工作绩效的评估主要依据以下资料：员工业绩考核记录、员工技能测试成绩以及员工个人填写的培训需求调查问卷等资料。

三、培训需求分析的方法与程序

（一）培训需求分析的方法

任何层次的培训需求分析都离不开一定的方法与技术。而这种方法与技术又是多种多样的。在此，从宏观的角度探讨三种方法：必要性分析方法、全面性分析方法、绩效差距分析方法。

1. 培训需求的必要性分析方法

（1）必要性分析方法的含义与内容

所谓必要性分析方法，是指通过收集并分析信息或资料，确定是否通过培训来解决组织存在问题的方法，它包括一系列的具体方法和技术。

（2）九种基本的必要性分析方法与技术

①观察法

通过较长时间的反复观察，或通过多种角度、多个侧面对有典型意义的具体事件进行细致观察，进而得出结论。

②问卷法

其形式可能是对随机样本、分层样本或所有的"总体"进行调查或民意测验。可采用各种问卷形式，如开放式、投射式、强迫选择式、等级排列式等。

③关键人物访谈

通过对关键人物的访谈，如培训主管、行政主管、专家主管等，了解所属工作人员的培训需要。

④文献调查

通过对专业期刊、具有立法作用的出版物等的分析、研究，获得调查资料。

⑤采访法

可以是正式的或非正式的、结构性的或非结构性的，可以用于一个特定的群体如行政机构、公司、董事会或者每个相关人员。

⑥小组讨论

像面对面的采访一样，可以集中于工作（角色）分析、群体问题分析、目标确定等方面。

⑦测验法

以功能为导向，可用于测试一个群体成员的技术知识熟练程度。

⑧记录报告法

可以包括组织的图表、计划性文件、政策手册、审计和预算报告；对比较麻烦的问题提供分析线索。

⑨工作样本法

采用书面形式，由顾问对已做假设并且相关的案例提供书面分析报告；可以是组织工作过程中的产物，如项目建议、市场分析、培训设计等。

2. 培训需求的全面性分析方法

全面性分析方法是指通过对组织及其成员进行全面、系统的调查，以确定理想状况与现有状况之间的差距，从而进一步确定是否进行培训及培训内容的一种方法。

（1）全面性分析方法的主要环节

工作分析耗费大量时间，且需要系统的方法，因而分析前制订详细的计划对于全面分析方法的成功实施非常重要。在计划阶段，一般包括计划范围的确定和咨询团体的任命两部分内容。

（2）研究阶段

工作分析的规范制定出以后，工作分析必须探究目标工作。首先检验的信息是工作描述。当研究阶段结束后，工作分析人员应该能从总体上描述一项工作。

（3）任务或技能目标阶段

这一阶段是工作分析的核心，有两种方法可以应用：一种是形成一个完全详细的任务目录清单，即每一项任务被分解成微小的分析单位；另一种方法是把工作仅剖析成一些任务，然后形成一个描述任务目录的技能目标。

（4）任务或技能分析阶段

工作任务的重要性是能够分析的维度或频率，频率即一定时间内从事一项任务的次数。其他维度包括所需要的熟练水平、严重性及责任感的强弱程度。熟练水平这一维度主要用来考查在不同的任务中是否需要高级、中级或低级的熟练水平。严重性这一维度主要考查何种任务如果执行得不适当、不合理将会产生灾难性后果。责任感的强弱程度这一维度主要用来考查在职工作人员在不同层次的监督下所表现出来的责任感的大小。

3. 培训需求分析的绩效差距分析方法

绩效差距分析方法也称问题分析法，它主要集中在问题而不是组织系统方面，其推动力在于解决问题而不是系统分析。绩效差距分析方法是一种广泛采用的、非常有效的需求分析法。绩效差距分析法的环节如下：

（1）发现问题阶段

发现并确认问题是绩效分析法的起点。问题是理想绩效和实际绩效之间差距的一个指标。其类型诸如生产力问题、士气问题、技术问题、资料或变革的需要问题等。

（2）预先分析阶段

此阶段也是由培训者进行直观判断的阶段。在这一阶段，要注意两个问题：一是如果发现了系统的、复杂的问题，就要运用全面性分析方法；二是确定应用何种工作收集资料。

（3）资料收集阶段

收集资料的技术有多种，各种技术在使用时最好结合起来，经常采用的有扫描工具、分析工具等。

（4）需求分析阶段

需求分析涉及寻找绩效差距。传统上，这种分析考查实际个体绩效同工作说明之间的差距。然而，需求分析也考查未来组织需求和工作说明。既然如此，工作设计和培训就高度结合起来。可以把需求分析分为工作需求、个人需求和组织需求三方面。

（5）需求分析结果

需求分析结果是通过一个新的或修正的培训规划解决问题，是全部需求分析的目标所在。对结果进行分析后，最终确定针对不同需求采取的不同培训方法及不同的培训内容。

（二）培训需求分析的程序

1. 做好培训前期的准备工作

培训活动开展之前，培训者就要有意识地收集有关员工的各种资料。这样不仅能在培训需求调查时方便调用，而且能够随时监控企业员工培训需求的变动情况，以便在恰当的时候向高层领导者请示开展培训。

（1）建立员工培训档案

培训部门应建立起员工的培训档案，培训档案应注重员工素质、员工工作变动情况以及培训历史等方面内容的记载。员工培训档案可参照员工人事档案、员工工作绩效记录表等方面的资料来建立。另外，培训者应密切关注员工的变化，随时向其档案里添加新的内容，以保证档案的及时更新和监控作用。

（2）同各部门人员保持密切联系

培训工作的性质决定了培训部门通过和其他部门之间保持更密切的合作联系，随时了解企业生产经营活动、人员配置变动、企业发展方向等方面的变动，使培训活动开展起来更能满足企业发展需要，更有效果。培训部门工作人员要尽可能和其他部门人员建立起良好个人关系，为培训收集到更多、更真实的信息。

（3）向主管领导反映情况

培训部门应建立一种途径，满足员工随时反映个人培训需要的要求。可以采用设立专门信箱的方式，或者安排专门人员负责这一工作。培训部门了解员工需要培训的要求后应立即向上级汇报，并汇报下一步的工作设想。如果这项要求是书面的，在与上级联系之后，最好也以书面形式作答。

（4）准备培训需求调查

培训者通过某种途径意识到有培训的必要时，在得到领导认可的情况下，就要开始需求调查的准备工作。

2. 制订培训需求调查计划

培训需求调查计划应包括以下几项内容。

（1）培训需求调查工作的行动计划

即安排活动中各项工作的时间进度以及各项工作中应注意的一些问题，这对调查工作的实施很有必要。特别是对于重要的、大规模的需求分析，有必要制订一个行动计划。

（2）确定培训需求调查工作的目标

培训需求调查工作应达到什么目标，一般来说完全出于某种培训的需要，但由于在培训需求调查中会有各种客观或主观的原因，培训需求调查的结果并不是完全可信的。所以，要尽量排除其他因素的影响，提高培训需求调查结果的可信度。

（3）选择合适的培训需求调查方法

应根据企业的实际情况以及培训中可利用的资源选择一种合适的培训需求分析方法。如工作任务安排非常紧凑的企业员工不宜采用面谈法，专业技术性较强的员工一般不用观察法。

（4）确定培训需求调查的内容

确定培训需求调查内容的步骤如下：首先要分析这次培训调查应得到哪些资料，然后排除手中已有的资料，就是需要调查的内容。培训需求调查的内容不要过于宽泛，以免浪费时间和费用；对于某一项内容可以从多角度调查，以便取证。

3. 实施培训需求调查工作

在制订培训需求调查计划以后，就要按计划规定的行动依次开展工作。实施培训需求调查主要包括以下步骤：

（1）提出培训需求动议或愿望

由培训部门发出制订计划的通知，请各责任人针对相应岗位工作需要提出培训动议或愿望。培训需求动议应由理想需求与现实需求或预测需求与现实需求存在差距的部门和岗位提出。

（2）调查、申报、汇总需求动议

相关人员根据企业或部门的理想需求与现实需求或预测需求与现实需求的差距，调查、收集来源于不同部门和个人的各类需求信息，整理、汇总培训需求的动议和愿望，并报告企业培训组织管理部门或负责人。

（3）分析培训需求

申报的培训需求动议并不能直接作为培训的依据。因为培训需求常常是一个岗位或一个部门提出的，存在一定的片面性，所以对申报的培训需求进行分析，就是要消除培训需求动议的片面性，也就是说要全方位分析。

（4）汇总培训需求意见，确认培训需求

培训部门对汇总上来并加以确认的培训需求列出清单，参考有关部门的意见，根据重要程度和迫切程度排列培训需求，并依据所能收集到的培训资源制订初步的培训计划和预算方案。

4. 分析、输出培训需求结果

（1）对培训需求调查信息进行归类、整理

培训需求调查信息来源于不同的渠道，信息形式有所不同，因此，有必要对收集到的信息进行分类，并根据不同的培训调查内容进行信息的归档，同时要制作表格对信息进行统计，并利用直方图、分布曲线图等工具将信息所表现趋势和分布状况予以形象的处理。

（2）对培训需求分析、总结

对收集上来的调查资料进行仔细分析，从中找出培训需求。此时应注意个别需求和普遍需求、当前需求和未来需求之间关系。要结合业务发展的需要，根据培训任务重要程度和紧迫程度对各类需求进行排序。

（3）撰写培训需求分析报告

对所有的信息进行分类处理、分析总结以后，根据处理结果撰写培训需求分析报告，报告结论要以调查信息为依据，不能凭个人主观看法得出结论。

第三节　培训计划制订与实施

一、培训计划工作概述

培训计划直接关系培训与开发活动的成败，是确定培训内容和方法、评估培训效果的主要依据。因此，必须了解什么是培训计划、培训计划包括哪些内容、如何制订培训计划。

（一）培训计划的概念

培训计划是按照一定的逻辑顺序排列的记录，它是从组织的战略出发，在全面、客观的培训需求分析基础上做出的对培训内容、培训时间、培训地点、培训者、培训对象、培训方式和培训费用等的预先系统设定。

（二）培训计划的类型

培训计划要着重考虑可操作性和效果。以时间跨度为标准，培训计划可以分为长期培训计划、中期培训计划、短期培训计划。

1. 长期培训计划（三年以上）

长期培训计划必须明确培训的方向性，考虑组织的长远目标、个人的长远目标、外部环境发展趋势、目标与现实的差距、人力资源开发策略、培训策略、培训资源配置、培训支援的需求、培训内容的整合、培训行动步骤、培训效益预测、培训效果预测等因素。

2. 中期培训计划（一至三年）

中期培训计划是长期计划的进一步细化，要明确培训中期需求、培训中期目标、培训策略、培训资源分配等因素。

3. 短期培训计划（一年以下）

从目前国内组织的培训实践来看，通常所说的培训计划大多是短期培训计划，更多的是某次或某项目的培训计划。

以上三种计划属于从属关系，从长期到短期，培训计划工作不断细化。

二、培训计划的制订

（一）确立培训目的与目标

1. 培训目标的分类

培训目标可以分为提高员工在企业中的角色意识、提高知识和技能、转变态度动机几类。培训目标可分为若干层次，从某一培训活动的总体目标到某个学科直至每堂课的具体目标，越往下越具体。

2. 确定培训目标的注意事项

确定培训目标应当和组织长远目标相吻合，一次培训的目标不要太多，要从学习者的角度出发，明确说明预期课程结束后学员可以拥有哪些知识、信息及能力。目标确立应符合 SMART 原则，即目标必须是具体的（specific），目标必须是可以衡量的（measurable），目标必须是可以达到的（attainable），目标必须和其他目标具有相关性（relevant），目标必须具有明确的截止期限（time-based）。

（二）确定培训时间

培训时间主要包括培训时机和培训的持续时间。

1. 选择培训时机

企业可选择以下时间作为培训时机：新员工加盟时；新技术、新设备引进或生产工艺流程变更时；满足补救需要时（缺乏合格员工）。

2. 确定培训的持续时间

企业应根据以下因素确定培训的持续时间：培训内容；培训费用；学员素质；学员的工作与休闲时间的分配。

（三）确定培训场所与设施

确定培训场所与设施时必须注意以下问题：培训场所的多样化；判断培训场所与设施的基本要求，即舒适度与合适度；场所选择必须考虑各种细节。

（四）确定培训者

培训者有广义和狭义之分。广义的培训者包括培训部门领导人、管理人员以及培训师；狭义的培训者专指培训师。

1. 培训部门领导人的条件

①对培训工作富有热情，具有敬业精神；

②有培训与开发工作的实际经验；

③以身作则，对受训者和自己一视同仁；

④富有远见，能清楚地分析组织的培训要求，对人力资源发展有战略眼光；

⑤有良好的知识结构，特别是有培训与开发的专业知识；

⑥有良好的职业道德品质和身体状况。

2. 培训管理人员的条件

①善于与人打交道；

②工作主动、积极；

③有任劳任怨的精神；

④有一定的组织管理能力。

3. 培训师的条件

培训师是企业培训活动的关键环节，培训师资水平直接影响培训活动的实施效果，甚至可能会影响企业领导对人力资源部门和企业培训与开发工作的基本看法。培训师可以来自企业内部或外部。优秀的培训师需要具备以下素质和技能：

（1）态度

培训师应当喜欢培训工作，符合"3C"，即关心（care）、创造性（creativity）和勇气（courage）。

（2）能力

培训师应当具备信息转化能力、良好的交流和沟通能力、一定的组织管理能力、创新能力。

企业内部的培训讲师是企业培训师资队伍的主体，他们能有效传播企业真正需要的知识与技能，对企业有效经验和成果进行共享和复制；同时，企业选择优秀员工担任讲师，为员工职业生涯发展开辟了更广阔的道路。所以，企业应注意对内部讲师的培养和激励以及制度建设问题。

外部讲师的选拔同样要遵照相应的程序，还应考虑促进外部讲师授课成果的有效转化。

（五）确定培训对象

一般而言，组织内有三种人员需要培训。

1. 可以改进目前工作的员工

培训可以使他们更加熟悉自己的工作和技术。

2. 有能力而且组织要求他们掌握另一门技术的员工

培训的目的是将其安排到更重要、更复杂的岗位上。

3. 有潜力的员工

经过培训让他们进入更高层的岗位。

培训对象确定后，最好能立即列出该对象的相关资料，如平均年资、教育背景、共同特质、曾参加过的培训等。

（六）确定培训内容与项目

培训内容应服务于培训目的与目标。培训的内容一定要科学，既要考虑系统性、适用性，也要考虑超前性，并根据不同的对象和不同的时间有所变化。

1.确定培训内容与项目的依据

①以工作岗位标准为依据；

②以生产／服务质量标准为依据；

③以组织的发展目标为依据。

2.确定培训内容与项目的分析方法

①任务分析法；

②缺陷分析法；

③技能分析法；

④目标分析法。

（七）确定培训方法

培训内容确定后，可以依据知识性课程、技能性课程、态度性课程等不同的课程，选择相适应的培训方法。培训方法主要包括课堂讲授法、研讨法、角色扮演法、游戏法、案例法、敏感性训练、视听法、程序指导、头脑风暴法、模拟法等。

（八）确定培训与开发预算

培训与开发预算是指在一段时间内（通常是十二个月）培训与开发部门所需要的全部开支。培训与开发预算主要由五部分构成，包括培训场地及设施，与培训相关人员的食宿费，培训器材、教材费，培训相关人员工资以及外聘教师讲课费，交通差旅费等。

培训与开发预算的确定主要有以下六种方法：

1.比较预算法

参考同行业平均培训预算与优秀企业培训预算，结合本企业实际情况确定。

2.比例确定法

对某一基准值设定一定的比率来决定培训经费预算额度。如根据企业全年产品的销售额或总经费预算的一定百分比来确定培训经费预算。

3.人均预算法

预先确定企业内部人均培训经费预算额度，然后再乘以在职人员数量。

4.推算法

根据过去培训的使用额来推算，或与上一年度对比决定预算。

5.需求预算法

根据企业培训需求确定一定时限内必须开展的培训活动，分项计算经费，然后加总求和。

6. 费用总额法

企业划定人力资源部门全年费用总额后，再由人力资源部门自行分配预算。

三、编制培训计划书

（一）概念

培训计划书是关于培训计划制订结果的一份文字总结。具体包括培训项目名称、培训目的、培训进度、培训内容、培训步骤、意外控制、注意事项、策划人、日期等。

（二）作用

1. 可对整个项目做一个清晰的交代，同时充分陈述项目的意义、作用和效果，简化培训程序。

2. 信息与分析结果高度浓缩的培训计划书可为高层领导的决策提供必要的依据和便利。

3. 可预先帮助管理者加深对培训项目各个环节的了解，从而做到统筹规划。

（三）编写技巧

1. 项目名称要尽可能详细地写出。

2. 应写明培训计划者所属部门、职务、姓名。团队形式则应写出团队名称、负责人姓名、成员姓名。

3. 培训计划的目的要尽可能简明扼要，突出核心要点。

4. 培训计划书内容应在认真考虑受众的理解力和习惯的基础上详细说明，表现方式宜简单明了，并可适当加入一些图表。

5. 详细阐述计划培训的预期效果与预测效果，并解释原因。

6. 对计划中出现的问题要全部列明，不应回避，并阐述计划者的看法。

7. 培训计划书是以实施为前提编制的，通常会有很多注意事项，在编写时应将它们提出来供决策者参考。

四、培训材料

培训材料指能够帮助学习者实现培训目标、满足培训需求的所有资料，具体包括课程描述、课程的具体计划、学员用书、课前阅读资料、教师教学资料包（视听材料、练习册、背景资料、电脑软件等）、小组活动的设计与说明、测试题目。

五、培训实施

（一）明确培训学习的原则

1. 近期目标和长远战略相结合的原则

为了制订科学的、切实可行的培训计划，应该对企业人才需求进行预测，并且充分考虑到企业的生产经营特点、近期目标、长远规划，以及社会劳动力供求变化趋势等因素。要对培训的目标、方法、效益进行周密、细致的研究。通过制订和执行培训计划，保持培训的制度化和连续性。企业还应建立培训效果的追踪检查方案，并根据生产经营的变化，随时对培训计划做出相应的修订。

2. 全员培训与重点提高相结合的原则

全员培训就是有计划、有步骤地对在职的所有员工进行培训，这是提高全体员工素质的必经之路。为了提高培训投入的回报率，培训必须有重点，即注重对企业兴衰有着重大影响的管理和技术骨干，特别是中高层管理人员的培训；再者，有培养前途的梯队人员，更应该有计划地进行培训与开发。

在坚持全员培训与重点提高相结合原则的同时，要因材施教，处理好学员共性和个性的关系。也就是说，要针对员工的不同文化水平、不同职务岗位、不同要求以及其他差异，区别对待。只有这样，才能最大限度地发挥培训的功能，使员工的才能在培训活动中得到培养和提高，并在生产经营中得以实现。

3. 知识技能培训与企业文化培训兼顾的原则

培训与开发的内容，除了文化知识、专业知识、专业技能外，还应包括理想、信念、价值观、道德观等方面的内容。而后者又要与企业目标、企业文化、企业制度、企业优良传统等结合起来，使员工在各方面都能够符合企业的要求。

4. 理论联系实际，学以致用的原则

员工培训应当有明确的针对性，一定要从本企业实际出发，从实际工作的需要出发，根据企业的实际需要组织培训，使培训与生产经营实际紧密结合，与职位特点紧密结合，与培训对象的年龄、知识结构、能力结构、思想状况紧密结合，目的在于通过培训让员工掌握必要的技能以完成规定的工作，最终为提高企业的经济效益服务。企业培训既不能片面强调学历教育，也不能片面追求立竿见影的效果。

5. 培训效果的反馈与强化原则

培训效果的反馈与强化是不可缺少的重要环节。培训效果的反馈指的是在培训后对员工进行检验，其作用在于巩固员工学习的技能，及时纠正错误和偏差。反馈的信息越及时、准确，培训的效果就越好。强化则是指由于反馈而对接受培训人员进行的奖励或惩罚。其目的一方面是奖励接受培训并取得绩效的人员，另一方面是加强其他员工的培训意识，使培训效果得到进一步强化。

6. 培训活动的持久性原则

培训作为人力资源体系中的一个很重要的环节，要充分认识到培训的持续作用。仅仅几次培训很难达到预期效果，也不符合人力资源发展规律，那种试图"一蹴而就"的做法是不可取的，时冷时热式的培训虽然可以在一定程度上取得效果，但会挫伤员工的积极性。

7. 培训活动的协调性

首先是时间上的协调。有的培训需要较长的时间，这就不可避免地产生时间冲突，尤其是与员工私人时间的冲突。如果占用太多私人时间，员工参加培训时就会心不在焉，培训效果自然大打折扣。

其次是组织上的协调。有的培训很难把参加的人员组织好，诸如出差、工作忙、开会等因素都会影响培训的人员安排，这就需要培训部门和相关人员协调好，保证大家都有机会参加。

（二）合理选择培训的方法

员工培训的方法是指培训主体（通常是企业）为了实现培训目标而采取的作用于企业员工的各种方式、形式、手段和程序等的总和。它是实现企业员工培训目标的中介和桥梁，是整个员工培训系统的重要组成部分，是提高员工培训实效性的关键之一。企业员工培训方法的综合把握和有效调试，对提高员工培训的实效性有着重要意义。

1. 完善企业员工培训方法的途径

针对目前国内企业员工培训工作中所存在的弊端和不足，企业员工培训工作要根据企业培训的新目标、新内容，总结其他企业的培训经验，建立符合自身特色和时代特征并符合规律性、富有实效性的系统方法，具体需要从以下几方面努力：

（1）注意运用渗透式培训方法

不断加强渗透式培训，是今后企业员工培训方法发展的一个趋势。企业应借鉴国内外先进大公司的有益做法并结合自身特点，探索具体渗透方法。首先，寓员工培训于企业文化建设之中。可通过企业愿景、战略目标、企业价值观等的宣传，引导员工从中获得良好的企业氛围熏陶，提高综合素质，摆正价值取向，选择正确的、与企业发展一致的职业生涯。其次，寓员工培训于开放模式之中。开放型的培训模式应该是"面向世界、面向社会、走出企业、多方参与、内外开放、齐抓共管"的模式。

（2）注意运用隐性培训的方法

我国企业的员工培训比较侧重于显性方法，即能让员工明显感到培训意图的方法。这种方法有利于对员工进行正面系统的理论培训，而且容易对培训过程进行监控和评估。但光靠显性方法是不够的，应结合企业实际，借鉴运用隐性培训方法，使员工在不知不觉中得到提高。

（3）注意运用灵活多样的培训方法

正确认识员工的层次性、差异性，是实施灵活多样的培训方法的前提。这就需要与时俱进，以更加多样的方法增强员工培训的针对性和实效性。当然，强调员工培训方法的多样性，并不等于否定员工培训内容的主导性，应用培训方法的多样性来丰富培训主导性的内容，两者相互依存、相互促进、共同发展。

（4）注意科学化的培训方法

传统的企业培训从"本本"出发，沿袭常规不变的教条，而当今时代的员工培训从目标设计到具体实施都经过科学的评估和实验过程，是经过反复论证筛选的结果。科学化的培训方法表现在普遍使用各种较先进的科技来辅助培训，用计算机来处理分析有关资料；也表现在培训观念更新和实践领域的通俗化上。

2. 员工培训的常用方法

随着企业员工培训理论的不断发展和深入，企业对员工培训的方法也变得日趋多样和成熟。员工培训主要的方法有授课法、研讨法、案例法、工作轮换法、户外拓展、视听教学法等。企业培训方式的选择对培训效果有直接影响，因此，对不同的培训对象和培训内容，必须选择不同的培训方法，才能达到企业员工培训的目的。

（1）授课法

授课法是最普遍的员工培训方法，是通过讲师的语言和演示，向员工传授知识和技能。授课法具有方便实施、效率高的特点。在实施授课法时，企业员工培训的内容要符合企业和员工的需求，并考虑员工的接受能力。讲师的选择也是关键，要选择专业经验丰富的授课老师。

（2）研讨法

研讨法是员工培训的重要方法之一，是鼓励员工就所学知识提问、探讨的一种培训方式。通过员工之间的交流来解决学习和生产中存在的问题，有助于巩固理解学习的知识，培养员工的综合能力和解决问题的能力。

（3）案例法

案例法源自国外大学的教学模式，是研讨教学法的延伸。这种方法的主要优点是鼓励员工认真思考、主动参与，并发表个人见解和体会，可以培养员工的表达能力、合作精神。案例法的重点在于如何提高员工培训效果，难点在于教学案例的开发。

（4）工作轮换法

工作轮换法是将员工调到另一个工作岗位去工作，也叫"轮岗培训"。工作轮换法能帮助员工理解多种工作环境，扩展员工的工作经验，适合于培训综合性管理人员。

（5）户外拓展

户外拓展主要是利用有组织的户外活动来培训团队协作能力。这种方法适用于培训与团队效率有关的技能，如自我意识、问题解决、冲突管理和风险承担。户外拓展培训的方式一般是团体性的体育活动或游戏，如登山、野外行军、攀岩、走木桩、翻越障碍及各种专门设计的游戏。企业员工培训方案如果采取户外拓展，一定要有针对性，要通过活动来达到培训员工的目的。

（三）培训内容的选取

1. 培训内容选取的原则

（1）学以致用

企业培训与社会办学不同，社会办学强调的是强化基础、宽化专业，这是因为学生毕业后面对的是整个社会，大多数人很难匹配到狭义上的"对口专业"，只有具备了扎实的基础知识和宽广的专业面，才能较从容地面对就业。而在企业中，每一个员工都有自己的工作岗位，所要适应的知识和技能有一个基本确定的范围。因此，企业对员工的培训应该围绕着这个范围来展开。这样，员工学得会、用得上、见效快，企业成本也低，从而实现成本收益的最优化。

（2）培训的结果对企业和员工都有利

在培训活动中，企业投入的是人、财、物等资源，目的是提升企业的技术能力、产品质量和生产效率，进而提高企业在市场上的竞争力；员工投入的是时间、精力，目的是提升自身的素质和工作技能，赢得尊重，为日后更换工作岗位、晋升、加薪做好准备。

（3）内容丰富、形式多样

在企业中，员工的职系分工不同，应用的知识、技能随之不同；员工的职位层级不同，应用知识、技能的深浅程度也不同。为使每一个员工都得到有针对性的培训，必须有丰富的培训内容。员工培训绝不可理解为单调地上课。根据培训的对象、目的、时间周期、培训人数等，培训可采用军体训练、讲课讲座、办短训班或集训队、跟班学习、班组研讨会、外派学习、师父带徒弟、户外活动等多种形式进行。

2. 新员工培训的主要内容

新员工的岗前培训是最常见的企业培训之一。与一般的企业员工培训不同，新员工培训主要侧重于两方面：首先，帮助新员工熟悉企业的工作环境，让他们轻松愉快地成为企业中的一员；其次，使新员工了解必要的知识和技能，了解公司的运作程序，使他们熟悉公司的设施和他们的岗位责任。

3. 在职员工培训的主要内容

在企业培训中，对在职员工的培训约占整个企业培训工作量的百分之八十至百分之九十。在职员工不仅人数众多、培训需求千差万别、现有水平参差不齐，而且这种培训需要长期持续不断、逐步深入地进行。因此，对企业在职人员培训内容的确定，是做好企业培训工作的关键之一。在职员工培训主要侧重于对新知识、新技术的培训。

第四节　培训效果评估

一、培训效果评估的作用

在企业培训的某一项目或某一课程结束后，一般要对培训效果进行一次总结性的评估或检查，以便找出受训者究竟有哪些方面的收获与提高。

培训效果评估是一个完整的培训流程的最后环节，它既是对整个培训活动实施成效的评价与总结，同时评估结果又为下一个培训活动确定培训需求提供了重要信息，是以后培训活动的重要输入。在运用科学的方法和程序获取培训活动的系统信息前提下，培训效果评估能够帮助企业决策者做出科学的决策，提高培训项目的管理水平，并确保培训活动实现所制定的目标。

（一）培训效果评估是整个培训系统模型的重要组成部分

在整个培训系统中，培训效果评估是一个非常重要的组成部分。没有培训效果评估，整个培训系统将不完整。一个完整的培训系统模型，应该从组织、工作和个人三方面进行分析，确定培训需求；然后进行培训目标的确定，通过确定培训目标，可以确定培训的对象、内容、时间和方法等；接下来是进行培训计划的拟订，这是培训目标的具体化和操作化；下一步是实施培训活动；最后一步便是培训效果评估。在进行评估时，通过对整个培训项目的成本收益或存在的问题进行总结，为下次培训项目的开展和改进提供有力的帮助。

（二）培训效果评估是培训循环系统的一个关键环节

培训过程应该是一个系统性的循环过程。在这个循环系统中，培训效果评估同样是整个过程的重要环节，属于独立的核心部分，是整个培训系统的一部分，而不是一个孤立的环节，它的变化将影响许多其他子系统的变化。培训效果评估在整个培训系统中有重要的地位，它会给培训过程其他环节带来益处。

（三）培训效果评估可以提高培训的地位

企业培训不同于学校教育。学校教育是一种文化活动，其宗旨是提高全民文化素质，而不要求立即获得现实的经济利益。但是，企业培训通常由企业自身承担，需要消费企业的稀缺资源。培训效果评估能够反映出培训对于企业的作用，同时也充分体现出人力资源部门在组织中的重要作用。特别是在评估中采用一些定量指标进行分析，能够让组织中的每个员工和管理者看到培训的有效性，证明培训决策的正确性。提高组织管理者对培训的重视，加大对培训的投入。

二、培训效果评估的内容

（一）反应层评估

反应层评估是指受训人员对培训项目的看法，包括对材料、讲师、设施、方法和内容等的看法，这些反应可以作为评估培训效果的内容和依据。反应层评估的主要方法是问卷调查。问卷调查是在培训项目结束时，收集受训人员对于培训项目的效果和有用性的反应，受训人员的反应对于重新设计或继续培训项目至关重要。反应问卷调查易于实施，通常只需要几分钟的时间。

（二）学习层评估

学习层评估是目前最常见也最常用到的一种评价方式。它是测量受训人员对原理、事实、技术和技能的掌握程度。学习层评估的方法包括笔试、技能操练和工作模拟等。培训组织者可以通过笔试、绩效考核等方法来了解受训人员培训后在知识以及技能方面有多大程度的提高。

（三）行为层评估

行为层评估往往发生在培训结束后的一段时间，由上级、同事或客户观察受训人员，确定其行为在培训前后是否有差别，他们是否在工作中运用了培训中学到的知识。这个层次的评估可以包括受训人员的主观感觉、下属和同事对其培训前后行为变化的对比，以及受训人员本人的自评。这种评价方法要求人力资源部门与职能部门建立良好的关系，以便不断获得员工的行为信息。

（四）结果层评估

结果层评估上升到组织的高度，即评估组织是否因为培训而经营得更好。这可以通过一些指标来衡量，如事故率、生产率、员工流动率、质量、员工士气以及企业对客户的服务等。通过对这些组织指标的分析，企业能够了解培训带来的收益。例如人力资源开发人员可以通过比较培训前后事故率，分析事故率的下降有多大程度归因于培训，确定培训对组织整体的贡献。

三、培训效果评估的方法

（一）培训效果的定性、定量评估方法

1. 培训效果的定性评估方法

培训效果的定性评估方法是指评估者在调查研究、了解实际情况的基础之上，根据自己的经验和相关标准，对培训效果做出评价的方法。这种方法的特点在于评估的结果只是一种价值判断，如"培训整体效果较好""培训讲师教学水平很高"之类的结论，因此它适合于对不能量化的因素进行评估，如员工工作态度的变化。目前国内大多数企业采用这种培训评估方法。

2. 培训效果的定量评估方法

定性评估方法只能对培训活动和受训人员的表现做出原则的、大致的、趋向性的判断，而定量评估方法能对培训作用的大小、受训人员行为方式改变的程度及企业收益多少给出数据解释，通过调查统计分析来发现和阐述行为规律。从定量分析中得到启发，然后以描述形式来说明结论，这在行为学中是常见的处理方法。

（二）培训效果评估的主要技术方法

培训效果评估技术通过建立培训效果评估指标及评估体系，对培训的成效进行检查与评价，把评估结果反馈给相关部门。它可作为下一步培训计划与培训需求分析的依据之一。以下介绍几种培训效果评估的技术方法：

1. 目标评价法

目标评价法要求在制订培训计划时，将受训人员完成培训计划后应学到的知识、技能，应改进的工作态度及行为，应达到的工作绩效标准等目标列入其中。培训课程结束后，应将受训者的测试成绩和实际工作表现与既定培训目标相比较，得出培训效果，作为衡量培训效果的根本依据。目标评价法操作成功的关键在于确定培训目标，所以在培训实施之前企业应制定具有可确定性、可检验性和可衡量性的培训目标。

2. 绩效评价法

绩效评价法是由绩效分析法衍生而来的。它主要用于评估受训者行为的改善和绩效的提高。绩效评价法要求企业建立系统而完整的绩效考核体系。在这个体系中，要有受训者培训前的绩效记录。在培训结束三个月或半年后，对受训者再进行绩效考核时，只有对照以前的绩效记录，企业才能明确地看出培训效果。

3. 关键人物评价法

所谓的关键人物是指与受训者在工作上接触较为密切的人，可以是他的上级、同事，也可以是他的下级或者顾客等。在这些关键人物中，同级最熟悉受训者的工作状况，因此，

可采用同级评价法，向受训者的同级了解其培训后的改变。这样的调查通常很容易操作，可行性强，能够提供很多有用信息。

4. 测试比较法

无论是国内的学者还是国外的学者，都将员工通过培训学到的知识、原理和技能作为企业培训的效果。测试比较法是衡量员工知识掌握程度的有效方法。企业会经常采用测试法评估培训效果，但效果并不理想，原因在于没有加入任何参照物，只是进行简单的测试，而有效的测试法应该是具有对比性的测试比较评价法。

5. 收益评价法

企业的经济性特征迫使企业必须关注培训的成本和收益。培训收益评价法就是从经济角度综合评价培训项目，计算出培训给企业带来的经济收益。

这五种培训效果评估方法，一般可以多种方法联合使用。企业在操作中，可以利用一些常用的工具，如问卷调查、座谈会、面谈、观察等，取得相关数据，再将两组或多组不同的数据进行分析比较。

第四章　绩效管理

第一节　绩效管理与过程

一、绩效管理概述

（一）绩效的基本概念

1.绩效、组织绩效和员工个人绩效

（1）绩效的含义

绩效一词是英文"performance"的中文译法，这个词在英文中的本意是"履行、执行或表演"，它主要强调的是行为（做了什么），而不是结果（行为产生了怎样的结果）。然而，在谈到组织的绩效问题，特别是员工的个人绩效问题时，常常指行为和结果两方面的内容，即绩效既指员工实施和完成某项工作任务或计划的过程以及在这个过程中的行为表现，同时也指员工在实施计划或执行任务之后实际得到的结果或取得的成绩。之所以不仅关注行为，而且关注结果，可能是出于两方面的原因。一是对员工的很多行为无法进行监督，或者尽管能够实施监督，但是监督成本过高。而一些结果往往是某些特定的行为直接导致的，因此，对结果的衡量在某种意义上也是对行为的监督。二是由于经营环境日益复杂化，组织变得越来越以结果为导向，尽管它们重视目标实现的过程或行为，但是它们更为关注是否能够产生良好的结果，这是因为这些结果决定厂组织的未来发展，甚至决定了组织在当前能否生存。

（2）组织绩效和员工个人绩效

需要提及的是，在说到组织中的绩效问题时，所指的可能是两种不同的绩效：一种是组织绩效；另一种是员工个人绩效。所谓组织绩效，往往是指作为一个整体的组织自身的运营效率以及在多大程度上实现了组织的预定目标。衡量组织绩效优劣的指标有很多，除了传统的投资回报率、利润率、股票市场价格、市场占有率等指标，还有客户满意度、员工满意度、新产品开发速度、资金周转率等指标。员工个人绩效是指员工履行自己的工作职责并达到组织为他们确定的工作行为标准和工作结果标准的情况，例如，可以采用对员工绩效进行衡量的结果性指标有员工个人实际完成的销售额和回款率、出现的产品缺陷次数、工作差错率等，以及在工作中表现出来的工作态度和工作能力等，比如，工作积极性、合作意识、人际关系能力、创新能力、组织领导能力等。有时，企业不仅关注员工是否履行了个人工作职责以及实现组织设定的绩效目标，还关注员工是否表现出有助于组织整体绩效提升的超过本职工作要求之外的那些行为，比如在必要时付出额外的努力确保完成工作任务，自愿承担本职工作之外的一些任务，帮助他人并与他人保持合作态度，遵守组织的各项规章制度和工作程序，以及认可、支持和维护组织的目标等。前者称为任务绩效，通常根据结果来进行评价，后者则称为周边绩效，通常根据行为来进行评价。不同职位之间的任务绩效是不同的，但周边绩效则可能类似。

此外，除了组织绩效和员工个人绩效，有时还会提到介于这两个层面绩效之间的另外一层绩效含义——部门绩效。很显然，组织绩效往往会被分解为部门绩效，部门绩效又被分解为部门内部每一名员工的个人绩效，同时，在理想状态下，员工个人绩效应当支持所在部门绩效的实现，组织中的每一个部门的绩效又应当支持整个组织绩效的完成。在人力资源管理中，如果不是特别指明所讨论的是组织绩效或部门绩效，往往是指员工个人绩效。

2. 员工绩效的特征及其影响因素

（1）员工个人绩效的基本特征

从员工绩效的角度来看，绩效本身具有可衡量性、多因性、多维性以及动态性四个特征。

首先，绩效必须是可衡量的或可评估的。也就是说，可以按照员工的工作行为或工作结果对组织或个人所产生的作用是消极的、积极的还是中性的来加以评判，即根据它们对于组织、部门或个人的目标实现是否做出了贡献来判断这些行为和结果的价值。无论是绩效构成中的行为部分还是结果部分，都必须是能够通过定量或定性方法加以评估的，不能衡量和评估的绩效是毫无意义的。

其次，绩效具有多因性的特征。它是指员工的绩效会受到多方面因素的影响，这些因素既包括组织方面的因素，也包括员工个体的因素。组织因素主要涉及组织的战略和目标、组织文化和价值观、上级的领导风格等，个体因素则主要涉及员工个人的知识、技能、能力以及价值观和工作动机等方面。

再次，绩效还具备多维性。这是指员工的绩效不是某个单一维度构成的，相反，在员工的绩效中往往涉及多个维度的内容。比如，对某一名生产工人而言，其绩效就不仅表现在产量一个方面，还包括工作质量水平，比如残次品率、质量差错率等；此外，还必须考虑他在完成工作任务过程中耗费的时间长短以及成本多少。因此，在界定员工的绩效并制定相关的绩效标准时，很重要的一点就是要全面考察员工的绩效构成，不能遗漏任何重要的绩效项目。否则，就很容易出现员工重视被考核的绩效维度，而忽视不考核的绩效维度的现象。

最后，绩效是动态的。所谓动态性，是指一名员工的绩效在一定的时期内是会发生变化的，而不是一成不变的。比较常见的情况是，同一个职位上的员工，由于个人的工作年限延长，知识和技能水平不断提高，绩效水平也存在不断提高的趋势。但是，如果职位本身的工作要求或者在工作中所使用的设备和技术等方面的因素发生了变化，也有可能会导致一名过去绩效不错的员工出现绩效不佳的情况。此外，一名绩效很好的员工在被调动或晋升到一个新的职位上之后，也有可能会出现短期内的绩效下滑。正是因为员工的绩效是动态变化的，所以通过绩效管理来不断改善和提升员工的绩效就有了可能。

（2）影响员工个人绩效的四大因素

影响员工个人绩效水平高低的因素主要包括四方面：一是责任和目标因素；二是能力因素；三是动机因素；四是客观条件因素。

第一，要想取得良好的绩效，员工必须清楚地知道自己到底应该做什么。如果员工连自己应当完成哪些工作任务都不清楚，就根本不能期望他完成优良绩效了。员工应该做什么的问题又主要取决于两方面的因素。一是组织的战略和文化要求员工做什么。很显然，员工的工作必须能够对组织的战略目标实现产生支持作用，同时员工的行为还必须符合组织文化的要求，组织文化决定了哪些事情能做，哪些事情不能做。二是员工所在职位的职责。职位本身的要求确定了员工的职责范围及其需要：完成的主要工作任务，它通常是以职位说明书的方式明确指出的。总之，组织战略和文化以及职位本身的要求共同决定了员工需要完成哪些工作任务，同时也决定了他们在完成工作任务的过程中应当坚持什么样的行为准则。

第二，即使员工知道自己应该做什么，也很有可能因为不知道怎样做而无法完成良好的绩效。也就是说，员工要想取得良好的绩效，还必须具备履行职责或完成工作任务所必需的知识、技能和能力。人员招募、甄选和配置工作，应根据职位说明书中列明的任职资格条件，用真正能够胜任工作要求的人来填补职位空缺，从一开始就确保人员和职位之间的匹配，并且通过各种培训开发手段来弥补员工在相关知识、技能以及能力方面的不足。很多时候，即使是一开始时能够胜任职位工作需要的人，也有可能会随着组织的战略方向、技术系统、工作方式等的调整而出现知识、技能和能力方面的缺陷。在这种情况下，组织就需要及时开展培训和开发活动，以确保员工不断更新自己的知识和技能，满足工作的需要。

第三，即使员工知道自己所应承担的工作职责和工作任务，同时也具备履行这些职责或完成这些任务的知识、技能和能力，仍然存在可能不采取那些能够使高绩效实现的行为。很显然，这就涉及员工的动机问题。那么，哪些因素有可能导致员工不愿意采取对组织有利的行为呢，最常见的情况是，员工没有受到足够的激励，他们并不认为一旦自己努力工作，完达成良好的绩效之后，组织会给自己提供相应的报酬，或者认为可能获得的报酬数量太少，比如，最常出现的一种现象是，员工认为组织的加薪决策和晋升决策与员工个人的绩效表现关系不大，或者关系不明显。第二种情况虽然不是很常见，但是也时有发生。比如，有些求职者会临时先找个地方落脚，然后再继续私下寻找其他更好的组织或职位。上述情况表明，组织要想确保员工有充足的努力工作动机，就必须不断优化晋升决策和薪酬激励机制，以及在招募和甄选过程中认真考察求职者的求职动机，在必要时还要进行求职者的背景调查。

第四，在员工本人知道自己能做什么，也具备做事的能力，同时也愿意做的情况下，他们仍然有可能无法完成优良的绩效。这里的一个关键问题在于，员工所处的环境是否允许他做好某些事情。有时，一个组织的文化或者员工所在的群体形成的群体规范并不鼓励员工去做某些对组织有利的事情，如果他们做了这些事情，反而有可能招致惩罚。此外，在现代组织中，每一名员工的工作通常都不大可能完全独立于他人，而是需要得到本部门以及其他部门同事或者直接上级的支持和帮助，如果其他员工或直接上级对当前员工的努力采取不配合、不合作的态度，甚至故意制造障碍，那么员工也很难最终完成好的绩效。从这个角度来说，良好的组织文化以及相互支持与合作的组织氛围，对于员工的高绩效完成非常有帮助。

（二）绩效管理的基本原理

1. 绩效管理的概念及其目的

（1）绩效管理的概念与内涵

绩效管理是指为实现企业的战略目标，通过管理人员和员工持续地沟通，经过绩效计划、绩效实施、绩效考核和绩效反馈四个环节的不断循环，不断地提高员工的绩效，进而提高整个企业绩效的管理过程。

绩效管理这一概念包括两方面最为重要的内容：第一，绩效管理的目的是确保组织的战略目标得以实现，它的出发点就是努力确保员工个人及其团队的绩效与组织的目标保持一致。第二，绩效管理不是某种可以在短时期内一次性完成的活动，相反，它是一个过程，而且是一个持续的过程，组织中的高层、中层以及基层管理人员通过这一过程，努力使员工的绩效与组织的目标绩效要求保持一致。它既是管理者和员工就应当实现何种目标以及如何实现这种目标达成共识的一个过程，同时也是通过人员管理来提高组织成功可能性的一种方法。

（2）绩效管理的目的

总的来说，绩效管理是为了达到三方面的目的，即战略目的、管理目的和开发目的。

绩效管理体系的首要目的在于帮助高层管理者实现战略性经营目标。组织实现战略意图的有效方法之一就是，首先界定为了实现某种战略所必需的结果、行为以及员工个人特征，然后设计相应的绩效衡量和反馈系统，以确保员工能够最大限度地表现出这样一些行为和特征，并努力取得这样一种结果。绩效管理体系通过将组织的目标与个人的目标和工作活动联系起来，强化有利于组织目标实现的员工个人结果和行为，为组织战略目标的实现提供了有力保障。即使是某些原因导致个人目标没有实现，将个人目标与组织目标联系起来的做法也是一种有效的沟通方式，它起码可以告诉员工，组织最为重要的战略活动是什么。

绩效管理体系的第二个目的是为组织做出各种员工管理决策提供有效的和有价值的信息。组织在做出很多员工管理决策时，都需要获得关于员工绩效方面的信息。这些决策包括薪资管理（加薪、奖金）、提升或调动、留用或解雇员工、对绩效优秀的员工予以认同、识别绩效较差的员工等。如果一个组织不能获得关于员工的实际工作能力和工作结果、工作行为和工作态度等方面的信息，不仅很难做出对组织发展和经营有利的决策，而且无法确保对员工的公平对待，严重时甚至会在组织中滋生出计划经济体制下国有企业中存在的"大锅饭、养懒汉、出笨蛋"的恶劣局面。尤其需要强调的是，在劳动法制健全的市场经济环境中，组织的绩效管理体系是否完善，能否对相关管理决策做出的依据（尤其是其中的员工绩效信息）保留完整的记录，对于组织在可能面临的劳动法律诉讼中保护自己的正当权益具有非常重要的意义。

绩效管理体系的第三个目的是对员工进行进一步的开发，从而确保他们能够胜任本职工作。当一名员工完成工作的情况没有达到应有的水平时，绩效管理体系就寻求改善其绩效。绩效反馈是实施良好的绩效管理体系的一个重要组成部分，通过绩效反馈可以识别员工的优势和劣势以及员工绩效不佳的原因（绩效不佳的原因可能与个人有关，也可能与团队或环境因素有关）。但是，仅仅到这一步还不够，要想使绩效反馈有用，还必须针对已经发现的问题及其原因采取补救行动，并且力争通过制订行动计划和采取有力的措施贯彻实施补救行动，从而弥补原来的绩效缺陷。开发目的的另一方面是，员工所获得的绩效信息反馈应当有助于他们设计自己的职业发展路径。因此，这里的开发目的既要包括短期开发目的，同时也要包括长期开发目的。

2. 绩效管理的层次

绩效管理分为组织绩效管理、群体绩效管理和个人绩效管理三个层次。

通常从内部管理的角度来看待绩效管理，将绩效管理的最终目标预设为实现组织的战略目标，但是组织战略目标是完整的绩效系统成功运行的结果，即需要通过组织绩效、群体绩效和个人绩效的全面有效管理来实现。

（1）组织绩效管理

组织绩效的变量包括组织目标、组织设计和组织绩效管理；对组织进行系统整合与管理，实现三方面的全面协同，才有利于组织绩效全面提升，进而有助于实现组织绩效管理的预期目标。建立明确清晰的组织目标仅仅迈出了第一步，管理者和分析家需要设计合理的组织结构以确保目标的实现。用于组织设计的初始方法可以是检查并改进投入—产出关系，通常要从组织系统有效运行的角度对业务流程进行调整甚至再造，促进关键流程实现系统协调，从而推动组织具有获得持续高绩效的能力。组织目标和组织设计确定后，就需要对组织绩效进行管理。

（2）群体绩效管理

群体绩效管理通常可以分为部门绩效管理和团队绩效管理，其目的是促进组织中的部门或团队获得满意的绩效。团队与部门的绩效管理，其工作方式存在差别，导致二者之间也存在不同的地方，如团队通常更加强调成员之间的共同承诺和相互协同。进行团队绩效管理时，首先需要全面掌握团队的内涵、特点、作用等内容。一般来说，团队具有以下四个特点：第一，团队的主要任务是完成团队的共同目标；第二，团队成员具有相互依存性；第三，团队成员共同承担责任；第四，为完成团队共同目标进行全面协调对于团队高效运作必不可少。

团队是提高组织运行效率的可行方式，它有助于组织更好地利用雇员的才能。在多变的环境中，团队比传统的部门结构更灵活、反应也更迅速。如果某种工作任务的守成需要多种技能、经验，那么团队运作通常比个人单干的效果更好。目前，在很多大型企业中，团队已成为主要的运作形式。鉴于团队工作模式的优点，很多组织在部门绩效管理中也注重向团队绩效管理学习，从而使部门绩效管理更加合理与高效。

（3）个人绩效管理

组织和群体两个层次的绩效都由组织内的个人创造，也必须以个人绩效为基础。组织和群体层次的绩效管理系统背景下，个人绩效系统全面细致地描绘了员工工作任务、行为过程及其结果。个人绩效管理就是指为了组织和群体绩效目标，对员工围绕当前任务目标所开展的各种工作行为的过程和结果进行系统管理。

成功的绩效管理系统就是需要实现组织、群体和个人三个层次绩效管理的全面协同。个人绩效管理需要根据整个组织的战略目标、围绕实现一系列中长期的组织目标而开展各项具体管理工作。个人绩效管理应该全面体现员工价值创造的全过程，即能反映"投入—过程—产出"的价值创造流程，从而助推群体和组织的绩效持续提升。产出的质量受到投入质量、执行人员、激励以及反馈等因素的综合影响，只有充分关注产出的每个组成部分，才能实现绩效的全面改进。

3. 绩效考核与绩效管理

绩效考核是指通过系统的原理、方法来评定和测量员工在岗位上的工作行为和工作效果的过程。考核内容的科学性和合理性，直接影响到绩效考核的质量。而绩效管理是指制定员工的绩效目标并收集与绩效活动有关的信息，定期对员工的绩效目标完成情况做出评价和反馈，以确保员工的工作活动和工作产出与组织保持一致，进而保证组织目标完成的管理手段与过程。

很多管理者将绩效考核与绩效管理混为一谈，用绩效考核代替绩效管理。实际上绩效考核只是绩效管理的一个核心环节，绩效考核重点在于考核，管理者的角色是"裁判"。而绩效管理着眼于员工绩效的改善，在绩效管理中，管理者的角色是"教练"，它的主要目的是通过管理人员和员工持续地沟通，指导、帮助或支持员工完成工作任务，这样的结果必然是实现员工个人绩效和组织整体绩效共同提高的"双赢"。

二、绩效管理过程

绩效管理是一个完整并且不断进行的循环，其最终的结果是员工个人绩效水平和组织整体绩效水平的不断提高，从而实现员工个人发展和组织整体发展的"双赢"。绩效管理是包括绩效计划、绩效实施、绩效考核和绩效反馈等四个环节在内的一个完整并且不断进行的循环。

（一）绩效计划

绩效计划是整个绩效管理系统的起点，是在绩效周期开始时，由上级和员工一起就员工在绩效考核周期内的绩效目标、绩效过程和手段等进行讨论并达成一致。

在绩效计划阶段，管理者和员工需要通过共同讨论确定，在未来的绩效周期中，员工应当做什么，如何做，以及取得什么样的效果。在进行绩效计划时，有两个最为重要的前提条件：一是要清楚地了解组织的使命和战略目标；二是要清楚地了解员工所承担的职位本身。

绩效计划阶段是绩效管理的起点和最重要的一个环节，绩效计划的制订过程强调通过互动式的沟通手段，使管理者和员工在如何实现预期绩效的问题上达成共识。

（二）绩效实施与辅导

绩效实施是整个绩效管理循环中持续时间最长的一个阶段，因为它涵盖了员工在绩效计划指导下，为努力实现预定的绩效目标的要求而开展的所有工作活动和工作过程。一旦绩效计划确定，员工就必须努力取得相应的结果，展示出在绩效计划制订过程中自己承诺履行的职责和取得的结果，同时满足开发计划提出的各项要求。在绩效实施过程中要做到三点：第一，定期进行绩效而谈，及时了解员工的工作进展情况；第二，通过定期的报告、报表和有关记录等，收集和积累员工的绩效数据；第三，在必要的时候，直接上级给予员工指导或帮助，对员工偏离目标的行为及时进行纠偏，如有需要，进行绩效计划的调整。

在这一阶段，员工和上级管理者之间必须主动进行频繁和及时的沟通，这是由以下三方面的情况决定的。第一，需要通过持续的沟通对绩效计划做出适时的调整。这是因为现代组织所处的竞争环境是多变的，因此，员工个人的绩效目标或者各项绩效目标之间的权重可能需要随着战略的调整和外部环境的变化而有所调整。第二，员工需要在绩效计划执行的过程中了解相关信息，同时获得必要的资源支持。只有不断获得上级提供的必要信息支持和信息反馈，员工才能对自己的工作方向和工作成果有充分的信心，对工作有一种良好的控制感。同时，有些问题和困难也只有在得到上级的建议或所提供的资源支持的情况下才能解决。第三，管理人员也需要在绩效计划执行过程中了解一些信息：一是为了及时掌握员工的工作进展情况，了解当前工作进度与预定计划之间的差距，从而及时做出各种必要的调整，避免到最后关头才发现目标要落空，并且已经无法挽回；二是为了解员工在工作中的表现和遇到的困难，通过协调团队之间的工作，提供必要的信息和资源支持等，帮助员工解决实际问题，同时对员工提供心理上的支持。

（三）绩效考核

绩效考核往往发生在一个绩效周期结束的时候，其主要目的在于考察和衡量员工在多大程度上表现出了组织期望的行为，同时在多大程度上实现了组织期待他们实现的结果。通常是指直接上级依据绩效计划阶段制定的考核指标和标准对员工的绩效表现进行评价。依据绩效计划阶段制定的考核指标和标准对员工的工作进行考评，能够减少矛盾和争议。

在很多组织中实际上存在两套并行的绩效考核制度，即正式的评价制度和非正式的评价制度。管理人员经常在考察自己的员工工作做得怎么样，这实际上就是一种非正式的评价制度。此外，还有组织建立的正式绩效评价制度，这是为了对员工的绩效进行评价而建立的一整套规范性和系统性的制度；这里所说的是正式的绩效考核制度。在绩效考核方面，任何一个组织都需要回答五个关键问题，即评价什么、怎样评价、谁来评价、何时评价、为何评价。

"评价什么""怎样评价"以及"何时评价"的问题实际上在绩效计划阶段就已经解决了。"评价什么"取决于组织的战略和员工个人所承担的职位职责，这两者共同决定了员工需要承担的关键绩效领域或对其而言的关键成功要素。"怎样评价"的问题是通过找到每一个关键绩效领域或关键成功要素中所包括的关键绩效指标来解决的。不仅如此，在绩效计划阶段，每一个绩效指标往往还会被确定一个目标值。至于"何时评价"的问题，实际上涉及绩效考核的周期问题，它通常也是在绩效计划阶段就已经解决了，因为绩效计划通常是按照一个明确的绩效周期来制订的。

"谁来评价"所要解决的是绩效考核的主体应当是什么人的问题。理论上讲，谁对被评价者的某一绩效维度或绩效指标最了解，谁就应该成为对该被评价者在某一绩效维度或指标上的表现好坏进行评价的人。比如，对大学教师的课堂教学情况进行评价时，主要的评价主体就应当是听课的学生，而在评价大学教师对学院的各种行政事务所做的贡献时，评价主体应当是学院领导。因此、被评价者的上级、同事、下级、外部客户以及员工本人等都有可能成为某名员工的绩效评价信息提供者。不过，在绝大多数情况下，对员工个人的绩效进行考核的过程往往是由员工和直接上级共同完成的。在每一个绩效周期结束时，通常是由员工的直接上级负责填写下级的绩效评价表格。在填写正式的评价表格之前，他们通常会要求员工自己先填写一份自我评价表，同时，还会从员工的同事、客户等那里广泛收集关于被评价员工的绩效信息，并且审查相关的数据和工作记录，以确保绩效评价的完整性和准确性。

最后是"为何评价"的问题，它实际上是要指明绩效评价的目的。组织可以通过绩效管理实现战略目的、管理目的以及开发目的。组织开展绩效考核的目的不同，或侧重点不同，绩效考核的内容构成及其权重也需要做相应的调整。比如，如果绩效评价的主要目的是确定绩效奖金的分配，那么，绩效评价的重点就应当是员工实际完成的结果性绩效，因为发放奖金的目的是奖励那些对组织有利的结果。相反，如果绩效评价的目的是制订开发计划，则在评价内容中就应当重点强调被评价者的知识、技能和能力等方面的因素，从而为帮助员工制订培训开发计划做准备。

（四）绩效反馈与改进

绩效反馈是指绩效周期结束时在上级和员工之间进行绩效考核面谈，由上级将考核结果告诉员工，指出员工在工作中存在的不足，并和员工一起制订绩效改进计划的过程。在这个阶段，员工和直接上级共同回顾员工在绩效周期的表现，共同制订员工的绩效改进计划和个人发展计划，帮助员工提高自己的绩效表现。

在讨论过去的绩效的时候，直接上级和员工可能会就每一个绩效维度和绩效指标展开讨论。此外，在绩效评价讨论中，还应该讨论员工在个人发展方面取得了哪些进步，以及对未来应当进行怎样的规划，即在下一次绩效评价面谈之前的这段时间里，员工应当实现的目标以及个人发展计划是什么。最后，一次良好的绩效评价面谈还应当向员工提供这样一类信息，即由于员工取得了优良的绩效，他们在报酬、工作内容、晋升等方面可能会得到哪些奖励。

简而言之，绩效评价面谈不仅要关注员工的过去（过去做了什么以及怎样做的），而且要关心他们的现在（由于过去的绩效导致员工获得了哪些方面的报酬，或者被取消或削减了哪些方面的报酬），同时还要关心他们的未来（在下一次绩效评价面谈到来之前需要实现哪些目标）。

可以看出，一个有效的绩效管理过程包括对绩效内容和标准的准确界定、对绩效完成过程的监督和指导、对绩效完成情况的衡量和评价，还包括围绕员工的绩效对他们所提供的积极的、富有建设性的反馈。

第二节　绩效评价体系

一、绩效评价的概念

绩效评价是指根据绩效目标协议书所约定的评价周期和评价标准，由绩效管理主管部门选定评价主体，采用有效的评价方法，对组织、部门及个人的绩效目标完成情况进行评价的过程。对绩效评价内涵的深入理解需要把握以下三方面：

（一）绩效评价能促进组织实现战略目标

绩效评价的内容具有行为导向作用，能够引导个体行为聚焦于组织战略。组织想要实现既定战略，必须界定清楚与战略相关的目标是什么，通过员工什么样的行为和结果能够实现战略目标，然后将这些内容转化为绩效评价的内容传递给组织内所有成员。绩效评价的引导和传递作用能够让员工的工作行为和结果指向组织战略，从而有利于组织战略的实现。

（二）绩效评价能够促进绩效水平的提升

管理者通过对组织绩效、部门绩效和个人绩效的评价，能够及时发现存在的绩效问题。通过及时沟通和反馈，分析个人层面、部门层面和组织层面存在的导致绩效不佳的原因，制订并切实执行绩效改进计划，从而提高各层面的绩效水平。

（三）绩效评价结果能够为各项人力资源管理决策提供依据

绩效评价的结果是组织做出薪酬决策、晋升决策、培训与开发决策的依据，只有将绩效评价的结果与人力资源管理的相关决策紧密联系起来，才能对所有成员起到激励和引导的作用，同时也能增加各项人力资源管理决策的可接受程度。

二、绩效评价的内容

不同的组织对绩效评价内容的界定不同，企业需要根据具体目标而确定。绩效评价的内容可分为业绩评价和态度评价，二者相互联系、相互影响。由于评价内容不同，这两类评价具有不同的特征。

（一）业绩评价

业绩评价是绩效评价的核心内容。所谓业绩，就是通过工作行为取得的阶段性产出和直接结果，与组织战略目标实现相关的绩效都要通过业绩产出来衡量。评价业绩的过程不仅要判定个人的工作完成情况，也要衡量部门、组织的指标完成情况。更重要的是，管理者要以评价结果为基础来有计划地改进绩效欠佳的方面，从而达到组织发展的要求。对组织层面、部门层面、个人层面的业绩评价不仅要包括利益相关者层面的指标，也要涵盖实现路径层面指标和保障措施层面的指标，既兼顾结果又兼顾过程，才能保证业绩评价的完整性和准确性。

业绩评价一般是从数量、质量、时间和成本等角度来考虑的。但组织、部门和个人层面的业绩评价是有区别的。组织层面的业绩评价主要集中于对组织整体战略目标实现起重要作用的指标；部门层面的业绩评价是通过分解、承接组织层面的业绩目标而形成的内容，除此之外，还要反映部门自身职责的相关内容；个人层面的业绩评价主要体现为承接岗位对应管理层级的业绩目标，并充分反映岗位职责要求的特定内容。

（二）态度评价

通常人们认为能力强的人能够取得更高的工作绩效，但现实情况往往并非总是如此，能力强仅仅是获得高绩效的一个重要条件。能力强的人并不一定能够取得相应的绩效，而能力差的人也可能取得较高的绩效。这是因为不同的工作态度会对工作结果产生不同的影响。因此，在进行绩效评价时，除了要对工作业绩进行评价之外，还要对评价对象的工作态度进行评价，以鼓励其充分发挥现有的工作能力，最大限度地创造优异的绩效，并且通过日常工作态度评价，引导评价对象发挥工作热情，避免"出工不出力"的情况发生。

工作态度是绩效评价的重要内容。通过对工作态度的评价引导评价对象改善工作态度，是充分发挥其工作能力，继而成为激发员工取得绩效目标的重要手段。在评价工作态度时，只评价其是否努力、认真地工作，工作中是否有干劲、有执行力，是否遵守各种规章制度等，通常可以忽略评价对象的职位高低或能力大小。

三、绩效评价主体

（一）上级评价

直接上级在绩效管理过程中自始至终都起着十分关键的作用，上级评价也是最常用的评价方式。直接上级最熟悉下级的工作情况，而且也比较熟悉评价的内容。同时对直接上级而言，绩效评价作为绩效管理的一个重要环节，为他们提供了一种监督和引导下级行为的手段，从而可以帮助他们促进部门或团队工作的顺利开展。另外，绩效管理的开发目的与直接上级对其进行培训与技能开发的工作是一致的，上级能够协助相关部门更好地将绩效管理与员工培训结合起来，从而充分发挥这两个人力资源管理模块的行为引导作用。

（二）同级评价

同级评价是由评价对象的同级对其进行评价，这里的同级不仅包括评价对象所在团队或部门的成员，还包括其他部门的成员。这些人员一般与评价对象处于组织同一层级，并且与评价对象经常有工作联系。同级评价的信度与效度都很高，同时同级评价还是工作绩效的有效预测因子。评价对象的同事对他的评价可以有效地预测此人将来能否在管理方面获得成功，这是因为同级经常以一种与上级不同的眼光来看待他人的工作绩效。

（三）下级评价

下级评价给管理者提供了一个了解员工对其管理风格看法的机会，实际上，这种自下而上的绩效反馈更多的是基于强调管理者提高管理技能的考虑。下级由于不承担管理工作而不了解管理者工作的必要性，因此很难对"事"进行评价，其评价的结果信度通常会较低。

（四）自我评价

自我评价是自我开发的工具，让员工了解自己的长处与短处，以便设定适合自己发展的目标。如果一名员工是独自工作，没有合作伙伴或同事，或有其他特殊技能，那只有他本人才有资格评价他的工作表现。员工可能不像上级那样评价他们自己，他们常用不同的标准来评估自己。自我评价时员工对自己的要求往往很宽松。尽管自我评价存在某些缺点，但自我评价仍是一种既有价值又可靠的工作表现的信息渠道。

（五）客户和供应商评价

外部人员可参与评价，如比较了解员工工作情况的外部利益相关者，比如客户或供应商。让比较了解公司员工的外部利益相关者参与组织的绩效评价。例如，在客户服务部门，让客户作为评价主体对那些直接与客户联系的人员进行绩效评价，可以更多地掌握他们在实际工作中的表现。更为重要的是，由于客户满意度是组织成功的关键影响因素，这类组织通过将客户作为评价主体来引导员工行为，可以促进其更好地为客户提供服务。

四、绩效考核周期

绩效考核周期就是多长时间进行一次评价。考核周期的设置要根据企业的性质、行业特征、岗位层级、岗位的工作特点等实际情况，不宜过长，也不宜过短。周期过长则绩效考核的准确性和员工工作的积极性会受影响，周期过短则会消耗组织过多的资源。一般的考核周期主要分为年度、半年、季度等。不同考核周期的考核内容和结果运用不尽相同。

第三节　绩效评价方法

一、量表法

量表法就是指将绩效考评的指标和标准制作成量表，依此来对员工的绩效进行考评，这是最常用的一类方法。量表法主要有以下几种：

（一）评级量表法

评级量表法把员工的绩效分成若干项目，每个项目后设一个量表，由考核者做出考核。考核时考核主体根据员工的表现，给每个指标选择一个等级，汇总所有等级的分数，就可以得出员工的考核结果。

（二）行为观察量表法

行为观察量表法也称行为评价法、行为观察法、行为观察量表评价法，行为观察量表法适用于对基层员工工作技能和工作表现的考察。行为观察量表法包含特定工作的成功绩效所需求的一系列合乎希望的行为。运用行为观察量表，不是要先确定员工工作表现处于哪一个水平，而是确定员工某一个行为出现的频率，然后通过给某种行为出现的频率赋值，从而计算出得分。

（三）行为锚定量表法

行为锚定等级评价法也称行为定位法，这种方法利用特定行为锚定量表上不同点的图形测评方法，在传统的评级量表法的基础上演变而来，是评级量表法与关键小件法的结合。采用行为锚定量表法通常按照以下五个步骤进行：

1. 寻找关键事件

让了解工作内容的员工（员工本人或其直接上级）找出一些代表各个等级绩效水平的关键事件。

2. 初步确立评价指标

将确定的关键事件合并为几个绩效指标，并给出每个指标的定义。

3. 重新分配关键事件，确定相应的评价指标

让另外一组同样熟悉工作内容的人对关键事件进行重新排列，将这些关键事件分别归入他们认为合适的绩效要素中。如果第二组中一定比例的人（通常百分之五十至百分之

八十）将某一关键事件归入的评价要素与前一组相同；那么就能够确认这一关键事件应归入的评价要素。

4.确定各关键事件的考评等级

后一组的人评定各关键事件的等级尺度（可以是连续尺度，也可以是非连续尺度），这样就确定了每个评价要素的"锚定物"。

5.建立最终的行为锚定评价体系

使用行为锚定评价法比起使用其他的绩效评价方法来说需要花费更多的时间，设计时也比较麻烦，使用的工作类型也有限（仅适用于不太复杂的工作），但是这种方法存在一些十分重要的优点。首先，评价指标之间的独立性较强。在设计过程中，设计人员将众多的关键事件归纳为评价指标，使各绩效指标之间的相对独立性较强。其次，评价尺度更加精确。行为锚定量表法是由那些对工作最熟悉的人编制"锚定物"即对应于某个特定标志的关键事件的，因而能够更加确切地找出最适合某个特定职位的评价尺度。评价尺度以工作分析为基础，依据客观行为，有利于评价者更加清楚地理解各个评价等级的含义，避免发生各类评价误差，能够比其他评价方法更准确地对工作绩效进行评价。最后，具有更良好的反馈功能。能够将组织战略与组织所期望的行为有效地结合起来，可以有效地向员工提供指导和信息反馈，指出行为缺陷，有助于实现各类绩效管理目的。

二、比较法

所谓比较法，就是指在对员工的行为或工作结果进行评价时，并不是将员工的行为或结果与事先确定的某一客观或相对客观的标准加以比较，而是通过直接将员工与其他人进行相对比较来得出员工的绩效结果。在比较法中主要包括排序法、配对比较法和强制分布法三种方法。

（一）排序法

排序法又可以划分为简单排序法和交替（或交叉）排序法两种类型。简单排序法就是根据在某一绩效指标或整体绩效上的表现好坏，将需要被评价的员工按照从绩效最佳到绩效最差的顺序加以排序。交替排序法的操作程序则是，评价者首先将需要被评价的所有员工的名单列出来、然后从所有员工中挑出绩效最优秀的员工放在第一位，同时挑出绩效最差的员工放在最后一位，接下来再挑出绩效次佳者和绩效次差者，如此反复，直到所有员工都按照从绩效最优到绩效最差的顺序排列完毕。

（二）配对比较法

这种评价方法要求评价者对所有被评价员工进行相互之间的两两比较。如果评价者认为一名员工在与另外一名员工的比较中属于绩效相对优秀者，那么此人将会得到一分，否则就不得分。在全部配对比较都完成之后，评价者再统计出每一名员工获得的表明其绩效更好的次数（对得到的所有分数进行加总），这就是员工的绩效评价得分。

（三）定额分配法

这种评价方法并不需要对各个被评估者进行排列，评价成绩以钟形曲线标出。例如：一名主管用此方法标出各位下属的表现情况。这种方法是假设在一个小组内存在一个钟形曲线，有百分之六十至百分之七十的员工表现较好。

三、叙述法

叙述法是指评估者以一篇简洁的记叙文的形式来描述员工绩效的方法，包括描述工作行为或能力，还可以包括培训和提升计划、问题诊断的结果以及绩效问题的解决。在绩效评价实践中，常采用关键事件法、工作业绩记录法、书面报告法。

（一）关键事件法

所谓关键事件，是指那些会对部门的整体工作绩效产生积极或消极影响的重大事件。就是将员工在考评期内表现出来的非同寻常的好行为或者非同寻常的不良行为记录下来，根据所记录的特殊事件对员工进行绩效考评。其主要原则是认定员工与职务有关的行为，并选择其中最重要、最关键的部分来评定其结果。它首先从领导、员工或其他熟悉职务的人那里收集一系列职务行为的事件，然后，描述"特别好"或"特别坏"的职务绩效。这种方法考虑了职务的动态特点和静态特点。

1. 关键事件法描述内容

关键事件法描述内容包含以下几方面：①导致事件发生的原因和背景；②员工的特别有效或多余的行为；③关键行为的后果；④员工自己能否支配或控制上述后果。

2. 关键事件分析法的步骤

（1）识别岗位关键事件

运用关键事件分析法进行工作分析，其重点是对岗位关键事件的识别，这对调查人员提出了非常高的要求，一般非本行业、对专业技术了解不深的调查人员很难在很短时间内识别该岗位的关键事件是什么，如果在识别关键事件时出现偏差，将给调查的整个结果带来巨大的影响。

（2）识别关键事件后，调查人员应记录以下信息和资料

①导致该关键事件发生的前提条件是什么？

②导致该事件发生的直接和间接原因是什么？

③关键事件的发生过程和背景是什么？

④员工在关键事件中的行为表现是什么？

⑤关键事件发生后的结果如何？

⑥员工控制和把握关键事件的能力如何？

（3）分类

将上述各项信息资料详细记录后，可以对这些信息资料做出分类，并归纳总结出该岗位的主要特征、具体控制要求和员工的工作表现情况。

采用关键事件分析法，应注意：关键事件应具有岗位代表性。关键事件的数量不能强求，识别清楚后是多少就是多少。关键事件的表述言简意赅，清晰、准确。对关键事件的调查次数不宜太少。

关键事件法能够帮助评价者实事求是地进行评价，不容易挫伤评价对象的积极性，因为对评价对象来说，低评价针对的不是他的人格，而是他的工作行为，而且是可以明确指出的特定行为，所以比较容易得到评价对象的认同。更重要的是，通过使用关键事件法，评价者在绩效反馈时能够更清晰地告诉评价对象，要想在下一期获得评价，应该如何行动。

（二）工作业绩记录法

工作业绩记录法要求评价者填写工作业绩记录卡，观察并记录评价对象在工作过程中的各种事实，分阶段记录所达到的工作业绩。另外，还可以用该表记录该人在遵守某些规章制度方面的表现。

（三）复查法

这种方法与由谁来评价关系密切，可以是人力资源部门作为一个评价者，亦可以由外部人员独立成为评价者。他们采访每一名成员，把每次获得的信息编纂起来，上级再查看这些内容并加以适当修正。这需要外部人员对员工的工作很熟悉，以便给出正确全面的评价。

四、目标管理法

目标管理法是由员工与上级根据目标分解协商确定个人目标，从而使员工个人的努力目标与组织目标保持一致，减少管理者将精力放到与组织目标无关的工作上的可能性。在目标管理法中，人们评价员工工作绩效时的关注点从员工的工作态度转向业绩，强调工作的结果。

目标管理法十分重视员工参与，具有较高的有效性，有利于加强员工与管理者之间的沟通，通过指导和监控目标的实现过程，提高员工的工作绩效。但也存在着需要耗费大量的时间和成本、过分强调量化目标、用短期目标替代长期目标等不足。

五、平衡计分卡法

（一）平衡计分卡的内容

平衡计分卡中的目标和评估指标来源于组织战略，它把组织的使命和战略转化为有形的目标和衡量指标。平衡计分卡的设计包括四方面：财务视角、顾客视角、内部经营流程视角、学习和成长视角。这几个角度分别代表企业三个主要的利益相关者：股东、顾客、员工。每个角度的重要性取决于角度的本身和指标的选择是否与公司战略相一致。

1. 财务视角

以财务为核心，就是在绩效评估过程中，要从股东与出资人的立场出发，树立企业只有满足投资人和股东的期望，才能取得立足与发展所需要的资本的观念。从财务的角度看，公司包括"成长""保持"与"收获"三大战略方向，从而形成"收入成长与组合""成本降低—生产力改进""资产利用—投资战略"三个财务性主题。企业应根据所确定的不同的战略方向、战略主题而采用不同的绩效衡量指标。

2. 客户视角

顾客是企业之本，是现代企业利润之源。如果无法满足客户的需求，企业的远景目标是很难实现的。企业为了获得长远的财务业绩，就必须提供使客户满意的产品和服务。以客户为核心所设计的平衡计分卡包括以下五方面：市场占有率、客户的获得、客户的保持、客户满意度与客户获利能力。且每一方面都有其特定的衡量指标。

3. 内部流程视角

内部流程视角着眼于企业的核心竞争力，企业内部业务包括三方面：革新过程、营运过程、售后服务过程。企业因资源有限，为有效地运用内部资源，需要以客户的需求和股东的偏好为依据，需要重视价值链的每个环节，设法分析企业的优势在哪里，向哪个方向发展，才能创造全面和长期的竞争优势。内部运营绩效考核应以对客户满意度和实现财务目标影响最大的业务流程为核心。内部运营指标既包括短期的现有业务的改善，又涉及长远的产品和服务的革新。

4. 学习和成长视角

学习和成长视角着眼于解决能否持续提高并创造价值的问题，只有持续不断地开发新产品，为客户创造更多价值并提高经营效率，企业才能打入新市场，增加股东价值。因此应以学习和成长为核心，将企业的员工、技术和企业文化作为决定因素，分别衡量员工保持率、员工生产力、员工满意度的增长等指标，以评估员工的才能、技术结构和企业文化等方面的现状与变化。

平衡计分卡的四方面是有机的整体，相互之间存在着内在联系：通过员工的能力素质推动企业运营效率的提升，进而为客户创造更高的价值和更好的体验，提高客户满意度和客户黏性，扩大市场份额，最终反映在财务指标的提高上。

（二）平衡计分卡的特点

1. 组织内部群体评价指标与外部群体评价指标的平衡

在平衡计分卡中，股东与客户是外部群体，员工和内部业务流程是内部群体，平衡计分卡认识到在有效实施战略的过程中平衡这些群体间矛盾的重要性。平衡计分卡将评估的视线范围由传统的只注重企业内部评估，扩大到企业外部，包括股东、客户；将以往只看内部结果，扩展到既看重结果同时还注意企业流程与企业的学习和成长这种企业的无形资产。平衡计分卡还把企业管理层和员工的学习成长视为将知识转化为发展动力的一个必要渠道。

2. 财务指标和非财务指标的平衡

传统企业考核的一般是财务指标，而对非财务指标的考核很少，缺乏系统性和全面性。而平衡计分卡是从财务、客户、内部业务流程及学习与创新四个维度全面地考察企业，它体现了财务指标（财务）与非财务指标（客户、内部业务流程及学习与创新）之间的平衡。

3. 领先指标与滞后指标之间的平衡

财务、客户、内部业务流程、学习与成长这四方面包含了领先指标与滞后指标。财务指标就是一个滞后指标，它只能反映公司上一年度发生的情况，不能告诉企业如何改善业绩。平衡计分卡对于领先指标（客户、内部业务流程、学习与成长）的关注，使企业更关注于过程，而不仅是事后的结果，从而达到了领先指标和滞后指标之间的平衡。

4. 短期目标和长期目标之间面平衡

平衡计分卡是一种战略管理工具，是从企业的战略开始，也就是从企业的长期目标开始，逐步分解到企业的短期目标。在关注企业长期发展的同时，平衡计分卡也关注了企业近期目标的完成，使企业的战略规划和年度计划很好地结合起来，解决了企业战略规划可操作性差的缺点。平衡计分卡不但关注企业的有形资产，同时关注企业带来超额利润的无形资产。这种无形资产包括企业的品牌、人力资源、企业的信息系统和企业的组织优势等。

第五章 薪酬管理

第一节 薪酬管理的概念

一、薪酬的构成、功能及影响因素

（一）薪酬的含义及构成

薪酬概念来自国外的经济学和管理学，对应的英文单词从最初的工资（wage）到薪水（salary），再从薪酬（compensation）到全面薪酬（total rewards），其中的区别不仅在于名称上的改变，更体现在支付对象和支付结构上的差异。

近年来，由于企业支付薪酬形式的多样化发展，各种显性和隐性的薪酬形式层出不穷，全面薪酬（total rewards）的概念应运而生。全面薪酬将劳动者从企业获得的所有形式的薪酬都归于"总收入"，即经济性薪酬和非经济性薪酬：经济性薪酬主要指工资、奖金、福利等。非经济性薪酬主要指个人对工作乃至企业的心理感受。相对来说，经济性薪酬直观、易量化，企业提高了经济性薪酬，员工能够立即感受到，而非经济性薪酬是员工在企业工作而形成的心理思维模式，可以说是一种预期薪酬——全面薪酬概念既强化了经济性薪酬在薪酬分配中的地位，也强调了非经济性薪酬在现代薪酬框架中的独特作用。

薪酬是指雇员作为雇佣关系的一方所得到的货币收入以及各种具体的服务和福利之和。具体而言，员工薪酬主要由基本工资、可变工资和员工福利三部分组成。

1. 基本工资

基本工资实际是企业按照一定的时间周期，定期向员工发放的固定薪酬，它主要反映员工所承担职位的价值或者员工所具备的技能或能力的价值。基本工资的形式主要包括：职位工资（也称岗位工资），即根据员工所承担工作的重要性、难度、对组织的价值、工作环境对员工的伤害程度以及对员工资格的要求而确定；技能工资，即根据员工拥有完成工作的技能或能力高低来确定；资历工资，即根据员工工作时间长短，定期增加其基本工资。在我国企业中，员工基本工资以月薪为主。

2. 可变工资

可变工资是指薪酬系统中直接与绩效挂钩的部分，包括业绩工资和激励工资。业绩工资是对过去的工作行为和已取得成就的认可，是基本工资之外的增加额，它随员工业绩的变化而调整。激励工资，有短期的，也有长期的，常与个人绩效、团队或组织绩效挂钩。可变工资的主要形式有绩效工资、奖金、津贴和股票，其中奖金在薪酬整体构成中，属于变动性较大的薪酬类型。

3. 员工福利

员工福利是指企业在支付基本工资、可变工资之外，为员工提供的一种普惠制的报酬形式。福利是工资的附加部分，但并不反映在员工所获得的直接薪酬之中，所以员工在对总体薪酬的公平性进行评价时，福利常常被估价过低。因而，企业应使员工认识到其薪酬既包括直接薪酬，也包括间接薪酬。

（二）薪酬的功能

薪酬是企业为员工提供的经济性收入，同时也是企业的一项成本支出，它代表企业与员工之间的经济交换，这一交换具有如下功能：

1. 保障功能

员工作为企业的人力资源，通过劳动获取薪酬来维持自身的衣食住行等基本需要，保证自身劳动力的生产。同时，员工还要利用部分薪酬来进修学习、养育子女，实现劳动力的增值再生产。因此，员工的薪酬决定着他们的生存、营养和文化教育条件，是企业人力资源生产和再生产的重要保证。

2. 激励功能

薪酬不仅决定员工的物质条件，还是一个人社会地位的重要标志，是满足员工多种需要的经济基础。因此，公平合理的薪酬分配有助于调动员工的积极性；反之，则会挫伤员工的积极性，丧失薪酬的激励功能。

3. 调节功能

薪酬差异是人力资源流动与配置的重要"调节器"。在通常情况下，企业可以通过调整内部薪酬水平引导人员流动；还可以利用薪酬的差异对外吸引急需的人才，实现人力资源的合理配置。

4. 凝聚功能

企业通过制定公平合理的薪酬，有助于调动员工的积极性，激发员工的创造力，使员工体会到自身的被关心和自我价值的被认可，进而增加对企业的情感依恋，与企业同甘共苦，为自身的发展与企业目标的实现而努力工作。

（三）影响薪酬的主要因素

影响薪酬的因素归纳起来可分为三类：员工个人因素、企业内部由素和外部环境因素。

1. 员工个人因素

（1）工作绩效

员工薪酬是由其的工作绩效直接决定的，同等条件下，高薪来自高工作绩效。

（2）学历水平

通常学历高的员工薪酬水平也较高，原因是补偿员工在学习过程中所花费的时间、金钱和机会等直接或间接成本，并且带有激励作用，即促进员工不断地学习新技术、提高对企业的贡献度。

（3）工作技能

掌握关键技能的人才已成为企业竞争的利器。企业愿意支付高薪给掌握核心技术的专才与阅历丰富的通才。前者的作用不言而喻，后者则有效地整合企业内高度分工的各项资源，形成综合效应。

（4）岗位及职位差别

职位既包含着权力，也负有相应的责任。权力以承担相应的责任为基础，责任由判断力或决定能力而产生。权力大，责任也重，自然需要较高的薪酬水平来衡量。

（5）工作年限

工龄长的员工薪酬通常高一些，主要是为了补偿员工过去的奉献并减少人员的流动。连续计算员工工龄工资的企业，通常能通过工龄工资起到稳定员工队伍、降低流动成本的作用。

2. 企业内部因素

（1）经营状况

企业经营状况直接决定着员工的工资水平。经营好的企业，薪酬水平相对稳定且往往有较大的增幅；而经营差的企业，薪酬水平相对较低且不具有保障性。

（2）企业远景

企业处于不同行业、不同时期（初创期、成长期、成熟期、衰退期），其盈利水平和盈利能力不同，一般来说，处于成熟期的企业薪酬水平相对比较稳定。

（3）薪酬政策

薪酬政策是企业分配机制的直接表现，直接影响企业利润积累和薪酬分配的关系。部分企业注重高利润积累，部分企业注重二者之间关系的平衡，这些差别会直接导致薪酬水平的不同。

（4）企业文化

企业文化是分配理念、价值取向、目标追求和制度机制的土壤，企业文化不同，必然会导致观念和制度的不同，将直接影响到企业的薪酬分配机制和薪酬设计原则。

二、薪酬管理的含义、内容及原则

（一）薪酬管理的含义

薪酬管理是指企业在经营战略和发展规划的指导下，综合考虑内外部因素，确定自身薪酬水平、薪酬体系、薪酬结构和薪酬形式，并进行薪酬调整和控制的过程。作为一种动态管理过程，企业要持续不断地制订薪酬计划、拟定薪酬预算、就薪酬管理问题与员工进行沟通、对薪酬系统的有效性做出评价及完善等。

薪酬管理包括薪酬体系设计和薪酬日常管理两方面。薪酬体系设计是指薪酬水平设计、薪酬结构设计和薪酬构成设计；薪酬日常管理是由薪酬预算、薪酬支付、薪酬调整组成的循环，这个循环可以称为薪酬成本管理循环。

薪酬管理对任何一个组织来说都是一个重要而棘手的问题，因为企业的薪酬管理系统一般要同时保证公平性、有效性和合法性，从而达到吸引和留住优秀员工，提高员工工作效率等目标。企业经营对薪酬管理的要求越来越高，但就薪酬管理来讲，受到的限制因素越来越多，除了基本的企业经济承受能力、政府法律法规外，还涉及企业不同时期的战略、内部人才定位、外部人才市场以及行业竞争者的薪酬策略等因素。

（二）薪酬管理的特点

相比人力资源管理中的其他模块而言，薪酬管理具有一定的自身特点。

1. 敏感性

薪酬管理是人力资源管理中最敏感的内容，因为它牵扯到每名员工的切身利益。另外，薪酬是员工在企业工作能力和水平的直接体现，员工往往通过薪酬水平来衡量自己在企业中的地位。

2. 特权性

薪酬管理是员工参与最少的人力资源管理模块，管理层认为员工参与薪酬管理会使企业管理增加矛盾，并影响投资者的利益。因此，员工对于企业薪酬管理的过程几乎一无所知。

3. 特殊性

由于敏感性和特权性，每个企业的薪酬管理差别很大。此外，鉴于薪酬管理本身就有很多不同的管理类型，如岗位工资型、技能工资型、资历工资型和绩效工资型等，所以不同企业之间的薪酬管理有时缺乏参考性。

（三）薪酬管理的内容

完整的薪酬管理应包括以下五方面内容：

1. 薪酬目标

即薪酬应该怎样支持企业战略，如何满足员工的需要，吸引和留住组织需要的优秀员工。

2. 薪酬水平

即薪酬要满足内部一致性和外部竞争性的要求，并根据员工绩效、能力特征和行为态度进行动态调整，包括确定管理团队、技术团队和营销团队薪酬水平，确定跨国公司各子公司和外派员工的薪酬水平，确定稀缺人才的薪酬水平，确定与竞争对手相对的薪酬水平。

3. 薪酬体系

包括基本工资、绩效工资、期权期股的管理，以及如何给员工提供个人成长、工作成就感、应好职业预期和就业能力的管理。

4. 薪酬结构

即正确划分合理的薪级和薪等，确定合理的级差和等差，还包括如何适应组织结构扁平化和员工岗位大规模轮换的需要，合理确定工资宽带。

5. 薪酬政策

即薪酬决策应在多大程度上向所有员工公开和透明化，谁负责设计和管理薪酬制度，薪酬管理的预算、审计和控制体系如何建立和设计。

（四）薪酬管理的原则

薪酬作为价值分配形式之一，应遵循以下六个原则：

1. 竞争性原则

高薪对优秀人才具有不可替代的吸引力，企业在市场上提出相对较高的薪酬水平，无疑会增强对人才的吸引力。在薪酬体系的竞争力方面，除了较高的薪资水平和正确的薪酬价值取向外，灵活多样的薪资结构、劳动力市场供求情况等也会影响企业薪酬的竞争力。

2. 公平性原则

公平性是实施薪酬管理时应遵循的最重要原则。公平性体现三方面：一是外部公平，即在不同企业中，类似职位或技能员工的薪酬应当基本相同；二是内部公平，即在同一企业中，不同职位或技能员工的薪酬应当与各自对企业的贡献成正比；三是个人公平，即在同一企业中，相同或类似职位员工的薪酬应当与其贡献成正比。企业的薪酬管理之所以出现问题，多是由公平性（特别是后两种）没有做好所导致。

3. 激励性原则

在公平性原则中，外部公平与薪酬的竞争原则相对应，内部公平则与薪酬的激励原则相对应。对企业而言，通过薪酬设计激励员工工作积极性和责任心是一种最常用的方法，其薪酬分配制度应做到按绩定薪，奖优罚劣；薪酬水平要适当拉开差距，工资结构有一定的弹性。

4.经济性原则

薪酬是企业很重要的一项支出，应当在自身可承受的范围内支付。虽然高水平的薪酬有利于吸引和激励员工，但超出承受能力的过高薪酬必然会给企业带来沉重负担。有效的薪酬管理应当在竞争性与经济性之间找到恰当的平衡点。

5.动态性原则

企业面临的外部环境处于不断变化之中，因此薪酬管理应当坚持动态性的原则，即根据环境变化随时进行调整，确保企业薪酬的适应性。具体表现为：一是企业整体的薪酬水平、薪酬结构和薪酬形式要保持动态性；二是员工个人薪酬要具有动态性，根据其职位变动、绩效表现进行薪酬的调整。

6.合法性原则

企业的薪酬管理政策要符合国家法律和政策的有关规定。任何企业的薪酬设计必须以合法性为前提和基础，特别是国家的有关强制性规定，如国家有关最低工资规定、员工加班工资支付等问题，在企业的薪酬管理中是不能违反的。

三、薪酬管理的基本流程

薪酬管理的基本流程主要包括如下六个环节：薪酬策略与需求分析、工作分析与职位评价、市场薪酬调查、薪酬水平与结构确定、薪酬分级与定薪、薪酬体系实施与修正。

（一）薪酬策略与需求分析

制定薪酬战略就是要确定薪酬的价值判断准则以及能够反映企业战略需求的薪酬分配策略。薪酬战略是根据企业总体发展战略和企业人力资源战略制定的，同时薪酬战略也与企业文化密切相关。因此制定企业薪酬政策必须与企业战略、人力资源战略以及企业文化相一致。薪酬政策明确了企业薪酬设计的目标和原则，使薪酬结构设计和薪酬水平确定有了科学依据。企业的薪酬策略通常包括薪酬水平策略和薪酬结构策略两方面。

薪酬结构是对同一组织内部不同职位或者技能之间的工资率所做的安排，主要是企业总体薪酬中的固定部分薪酬和浮动部分薪酬的占比，强调的是不同职位或技能等级的数量、薪酬差距及其标准。

（二）工作分析与职位评价

工作分析是薪酬设计的首要工作和基础，是全面了解工作并提取各种有关信息的基础性活动，只有对工作有了客观认识，企业才能有效地发现、挑选、培养和奖励员工。职位评价是建立薪酬结构内部一致性过程的重要环节，重在解决薪酬的对内公平性问题。薪酬结构所关注的是企业内部薪酬水平等级的多少和不同薪酬水平之间级差的大小。这就需要系统地确定各种职位的相对价值，在工作分析基础上，划分职位类型，参照岗位说明书，以工作内容、所需技能、对组织的价值以及外部市场为基础，对职位进行综合测定和评价。

（三）市场薪酬调查

市场薪酬调查是指企业通过收集信息来判断其他企业所支付的薪酬水平及相关信息，并对收集到的信息进行分类、汇总和分析，形成调查报告的过程，市场薪酬调查是薪酬设计中的重要环节，重点解决薪酬的外部竞争力问题。企业通过薪酬调查，了解市场薪酬水平、调整本企业薪酬水平、保持外部竞争力、优化薪酬结构、整合薪酬要素、确定人工成本标准等。市场薪酬调查内容主要包括以下三方面：

1. 目标企业的薪酬政策

具体包括薪酬的策略是控制成本还是激励或吸引员工；薪酬管理模式是高弹性、稳定模式还是折中模式；薪酬的其他政策，包括加班费计算、试用期限及薪酬标准等。

2. 薪酬的结构信息

主要包括企业职位或岗位的组织结构体系、薪酬等级差、最高等级与最低等级差、薪酬的要素组合（基本工资与浮动工资的比例）、货币工资与福利工资的比例、绩效工资的设计等。

3. 薪酬的纵向与横向水平信息

包括基本薪酬信息、可变薪酬信息及福利薪酬信息等。

（四）薪酬水平与结构确定

1. 确定薪酬水平

薪酬水平反映了企业薪酬相对于当地市场薪酬行情和竞争对手薪酬绝对值的高低。它对员工的吸引力和企业的薪酬竞争力有着直接影响。影响企业薪酬水平的因素主要有当地劳动力市场状况、企业性质与特征、相关法律法规以及物价、地区与行业、企业负担能力等。

在进行薪酬市场调查基础上，将价值相同的若干种工作或技能水平相同的若干员工划分薪酬等级后，就需要绘制市场薪酬曲线，即以市场调查得到的薪酬水平为纵轴，以薪酬等级为横轴，建立各种工作薪酬市场水平线。

一个企业可以使其员工的薪酬水平高于、相当于或低于自己竞争对手的薪酬水平。外部公平要求企业在设计和管理薪酬时要充分考虑外部市场薪酬水平。同时，薪酬管理部门需要不断关注外部的薪酬变化情况，特别是主要竞争对手的薪酬变动。

2. 确定薪酬结构

薪酬结构是指企业中各项职位的相对价值及其与对应的薪酬之间保持怎样的关系。它强调薪酬水平等级的多少，不同薪酬水平之间级差的大小以及决定薪酬级差的标准。薪酬结构设计首先要符合公平原则，即决定薪酬的过程要公平，实际结果要公正。过程公平强调薪酬设计和管理决策的制定过程是否合理、依据是否科学；结果公正强调内部薪酬之间实际差异的大小是否合理。在薪酬设计中，要综合考虑风俗习惯、经济环境、法律法规、组织战略、工作设计、政府政策等外在因素的影响。薪酬结构重在解决企业内部一致性问题，即内部公平性问题。具体所要强调的是职位或者技能等级的数量、不同职位或者技能等级之间的薪酬差距以及用来确定这种差距的标准，但并不意味着员工薪酬结构决策就可以脱离外部竞争性而独立进行。事实上薪酬结构决策是在内部一致性和外部竞争性两种有效性标准之间进行平衡的结果。

企业薪酬结构反映了企业的分配哲学，即依据什么原则确定员工的薪酬。确定员工薪酬时，要综合考虑三方面的因素：①员工职位等级；②员工技能和资历；③员工工作绩效。

在工资结构上，与其对应的分别是职位工资、能力（技能）工资和绩效工资。薪酬结构实际是指企业里各种工作之间薪酬差异的绝对水平。一般来说，企业薪酬结构要实现内部一致性，至少应具备以下三个特征：①对实现企业整体目标贡献越大的员工，所得到的薪酬越多；②完成工作所需要知识和技能越多的岗位，所得到的薪酬越多；③所处职位风险越高的员工，所得到的薪酬越多。

（五）薪酬分级和定薪

薪酬等级是在职位价值评估结果基础上，将职位价值相近的职位归入同一个管理等级，并采取一致的管理方法处理该等级内的薪酬管理问题。企业的薪酬等级类型主要有分层式和宽泛式。分层式薪酬等级由于等级较多，每个等级薪酬浮动幅度一般较少，在成熟的、等级型的企业中较常见。宽泛式薪酬等级的特点是企业包括的薪酬等级少，呈平行形，员工薪酬水平的提高既可以是因为个人岗位级别向上发展而提高，也可以是横向工作调整而提高。宽泛式薪酬等级类型在不成熟的、业务灵活性强的企业中较常见。

建立薪酬等级，首先要将各个职位划分成不同的等级，划分的依据是职位评价的结果。每个等级中的职位，其职位评价的结果应当接近或类似。职位等级确定后，还需要确定各个等级的薪酬变动范围。

第二节　基本的薪酬体系设计

一、职位薪酬体系

企业基本的薪酬体系设计主要包括职位（岗位）薪酬体系、能力（技能）薪酬体系、绩效薪酬体系以及组合薪酬体系。职位薪酬体系突出职位价值，以职位评价为基础；能力薪酬体系以职位执行能力的评价为基础；绩效薪酬体系以对员工绩效的考核为基础；组合薪酬体系是以职位、能力和绩效三者的不同组合为主体形成的薪酬体系。

（一）职位薪酬体系的含义及特点

职位薪酬体系是对每个职位所要求的知识、技能以及职责等因素的价值进行评估，根据评估结果将所有职位归入不同薪酬等级，每个薪酬等级包含若干综合价值相近的一组职位，然后根据市场上同类职位的薪酬水平确定每个薪酬等级的工资率，并在此基础上设定每个薪酬等级的薪酬范围。

职位薪酬体系是企业使用最多的薪酬制度，其最大特点是薪酬的给予"对岗不对人"。薪酬水平差异来源于员工职位（岗位）不同，很少考虑员工的年龄、资历、技能等个人因素，职位薪酬体系的特点：①根据职位（岗位）支付薪酬；②以职位分析为基础；③具有较强的客观性。

（二）职位薪酬体系的类型

职位薪酬体系的类型主要有职位等级薪酬制和职位薪点薪酬制两种形式。

1. 职位等级薪酬制

职位等级薪酬是指将岗位按重要程度进行排序，然后确定薪酬等级的薪酬制度。职位等级薪酬制有两种主要形式：一岗一薪制和一岗多薪制。

（1）一岗一薪制

一个岗位只有一个薪酬标准，岗内不升级，同岗同资。新员工上岗采用"试用期"的办法，试用期满即可执行岗位薪酬标准。这种薪酬制度简便易行，但岗位内部难以体现差别，缺乏激励。一岗一薪制比较适用于专业化、自动化程度高、流水作业、工作技术比较单一的工作岗位。

（2）一岗多薪制

一个岗位内设置几个薪酬标准，以反映岗位内部员工之间的劳动差别。岗内级别是根据不同工作的技术复杂程度、劳动强度、责任大小等因素确定，薪酬的确定同样是依据岗位要求而确定。实行一岗多薪制，员工在一个岗位等级内可通过逐步考核升级，直到其薪酬达到本岗位最高标准。其优点在于员工薪酬增长渠道和机会增多，不晋升或变换岗位也能增加薪酬；在企业需要缩减人工成本时，可以灵活控制员工的薪酬增长速度和水平。

2. 职位薪点薪酬制

在职位评价基础上，用点数和点值来确定员工薪酬的一种弹性薪酬分配制度。其主要特点是薪酬标准不是以金额表示的，而是用薪点表示，并且点值的大小由企业或部门的经济效益确定。职位薪点薪酬制的关键是确定员工的薪点数和薪点值，其优点是每个岗位的价值直接以工资报酬形式标出，可以使劳动所得与劳动付出更相符合。这种薪酬制度适用于岗位比较固定、以重复性劳动为主的岗位。

（三）职位薪酬体系的实施条件

企业在选择实施职位薪酬体系时，只有满足以下条件才适合采用职位薪酬体系：

1. 职位内容是否已经明确化、规范化、标准化

职位薪酬体系要求纳入本系统中的职位本身必须明确具体，企业必须保证各项工作有明确的专业知识要求，责任清晰，同时这些职位所面临的工作难点是具体、可以描述的。

2. 职位工作内容基本稳定，在短期内不会有太大变动

只有这样，企业才能使得工作序列关系的界限比较明显，不至于因为职位内容频繁变动而使职位薪酬体系的相对稳定性和连续性受到破坏。

3. 具有按个人能力安排职位的岗位配置机制

企业选择职位薪酬体系时，必须能够保证按照员工个人能力安排其合适的职位，既不能存在能力不足以担任高等职位的现象，也不能出现高者担任低等职位的情况。

4. 存在相对较多的职位等级

企业确保能够为员工提供一个随着个人能力提升从低级职位向高级职位晋升的机会和通道，否则会阻塞员工的薪酬提升通道，加剧员工晋升竞争，损伤员工工作积极性。

5. 薪酬水平要足够高

员工的主要收入来自职位本身，其他收入所占比重很少，通过晋升提高薪酬水平机会有限，如果企业总体薪酬水平不高，职位等级又很多，处于职位序列最底层员工得到的薪酬就会较少，薪酬的激励功能更无从谈起。

二、能力薪酬体系

（一）能力薪酬体系的含义及特点

能力薪酬体系是指企业根据员工所掌握的与工作有关的技能、能力以及知识的深度和

广度来支付薪酬的一种基本薪酬制度。该体系认为员工薪酬差异主要来自其能力水平差异，而非职位等级（价值）高低，主要适用于企业中的技术工人、技师、科技研发人员、专业管理者等。

能力薪酬体系的特点：①企业关注的是员工在获取组织需要的知识、技能和能力方面的差异，而不是员工所从事的工作差异；②薪酬与员工的技能和能力紧密相连；③能力薪酬奖励的是员工做出贡献的潜能。该体系的假设条件是：员工掌握的知识和技能越多，其工作效率就越高，灵活性也越强；实际上，掌握工作所需要的知识、技能和能力只是员工做出贡献的必要条件，不是充分条件。能力薪酬体系的优缺点。

（二）能力薪酬体系的类型

能力薪酬体系的类型主要有技术工资制和能力工资制两种。

1. 技术工资制

技术工资制是以应用知识和操作水平为基础的工资，主要用于专业技术人员和"蓝领"员工。员工获得技术工资的前提是从事企业认可的专业技术工作，未从事企业认可的专业技术工作的员工，企业不向其发放技术薪酬。技术工资制多用于生产制造业企业。

2. 能力工资制

能力工资制是依据员工对能力的获得、开发和有效使用来支付工资，是建立在比技术范围更广泛的知识、经验、技能、自我认知、人格特征、动机等综合因素基础上的工资体系，现已成为提升员工基本素质、增强企业综合竞争力的重要手段，能力薪酬体系的形式主要表现为基于技术、知识、岗位胜任能力、岗位任职资格等要素来确定薪酬。

（三）能力薪酬体系的设计流程

能力薪酬体系常与宽带薪酬结合在一起，将若干个以能力素质定价的工资等级划分在一个宽带之中，一个薪酬宽带包括几个甚至十几个工资等级。工作性质大体类似的职位归入同一个薪酬宽带中，从而使薪酬更加具有竞争力和激励性。

1. 构建能力素质模型

企业可通过战略导向法、行为事件访谈法和标杆研究法等方法构建企业的能力素质模型。

2. 能力素质定价

对每种能力素质及其组合进行定价。定价方法有两种：①基于市场的定价，根据相同素质在其他企业所能获得的报酬来确定能力素质价格；②基于绩效的定价，根据每项能力素质与绩效的相关性来确定能力素质的价格。

3. 建立基于能力素质的薪酬结构

多采用宽带薪酬结构，基本步骤如下：①确定宽带个数；②根据每个宽带平均能力素质水平,并结合能力素质定价水平,确定该宽带的中点值;③确定每个宽带的上限和下限;④确定每一水平能力素质的工资。

4.评估员工能力素质,确定其薪酬水平

企业可以使用评价中心或基于能力素质模型的三百六十度评估等方式对员工的能力进行评估,以充分了解员工的能力状况,与其所任职位的能力素质等级进行相应匹配,从而可以确定该员工的薪酬水平。

(四)能力薪酬体系的实施条件

能力薪酬体系的有效实施一般应具备以下条件:

1.扁平化的组织结构

该组织结构基于工作流程为中心构建;纵向管理层次简化,大幅削减了中层管理者;组织资源和权力下放于基层,采取顾客需求驱动,快速响应市场变化。能力薪酬体系适应扁平化组织结构的上述特点,使员工注意力从职位晋升转向技能的学习和运用。

2.工作结构性高、专业性强的岗位

该类岗位所需技能相对确定,因此员工技能水平高低将直接影响工作完成效率和质量好坏。组织根据员工技能高低为员工发放薪酬,可以促进员工努力提高技能水平。

3.需要员工掌握深度或广度技能的岗位

深度技能培养的员工是专家,广度技能培养的员工是通才。如果岗位所要求的技能水平高、范围广,但当前技能基准很低,员工技能水平急需大幅度提高时,采用能力薪酬体系可以鼓励员工持续学习,不断提高技能。

4.高度的员工参与

在设计和实施能力薪酬体系的过程中,需要不断从员工那里获取真实的信息反馈和建议,以便修改和完善方案。同时,能力分析与评价、能力模块的定价等都离不开员工的积极参与。

5.管理者的支持

能力薪酬体系的实施需要管理层和员工对双方的关系持有一种长期的态度,只有这种长期的态度才能保持对能力的长期强调,这恰恰是能力薪酬体系有效运作的前提条件之一。

三、绩效薪酬体系

(一)绩效薪酬体系的含义及特点

绩效薪酬体系是对员工超额工作部分或工作绩效突出部分所支付的奖励性报酬,旨在鼓励员工提高工作绩效。它是对员工过去工作行为和已取得成就的认可,通常随员工业绩的变化而调整。常用的形式有绩效加薪、一次性奖金和个人特别绩效奖。

绩效薪酬的前身是计件工资。绩效薪酬体系是以对员工绩效的有效考核为基础,将薪酬与考核结果相挂钩,注重对员工绩效差异的评价。企业利用绩效薪酬对员工进行调控,通过对绩优者和绩劣者收入的调节,激发员工积极性。

（二）绩效薪酬体系的类型

绩效薪酬的种类选择与组织经营战略、经营状况、人员及结构等密切相关。绩效薪酬具有多种类型,根据激励对象可分为个体绩效薪酬和群体绩效薪酬（团队绩效薪酬）;根据时间维度可分为短期绩效薪酬和长期绩效薪酬。业绩工资侧重于对过去工作的认可,激励工资则以支付工资的方式影响员工将来的行为;业绩工资往往不会提前被员工所知晓,激励工资制度在实际业绩达到之前就已确定;业绩工资通常加到基本工资里,是永久的增加,激励工资往往是一次性支付,对劳动力成本没有永久的影响,业绩下降时,激励工资也会自动下降。

1.业绩工资

业绩工资是指员工的基本薪酬可以根据其工作业绩或成就而得到永久性增加的一种薪酬制度,是绩效薪酬体系的一种基本形式,常见的业绩工资类型有业绩加薪和业绩奖金两种。

（1）业绩加薪

基本薪酬的增加与员工在某种绩效评价体系中所获得的评价等级联系在一起,以对员工绩效的有效考核为基础,实现工资与考核结果挂钩。

（2）业绩奖金

也称一次性奖金,从广义上来讲,它属于业绩加薪的范畴,但不是在基本薪酬基础上的累积性增加,而是一次性支付的业绩加薪,因为员工年终依据本人或组织绩效得到的奖金并不计入基本薪酬。

2.激励工资

激励工资是指组织根据员工是否达到组织与员工事先商定的标准、个人或团队目标,或者组织收入标准而浮动的薪酬,它是根据绩效评价结果支付的旨在激励员工绩效的组合薪酬形式,激励工资也和业绩直接挂钩。根据激励对象和目标的不同,可分为个人激励计划、群体（团队）激励计划和组织激励计划。

（1）个人激励计划

根据员工工作绩效决定其奖金多少。主要有两种形式:个人工作成果直接决定奖金的模式和绩效考核结果决定奖金的模式。

（2）群体（团队）激励计划

根据团队或部门的绩效确定奖金发放的奖励计划，有利于引导员工之间的合作主要包括利润分享计划、收益分享计划和成功分享计划。

（3）组织激励计划

将企业中全体员工纳入奖励对象的激励计划，根据组织整体绩效确定奖金发放事宜，通常根据关键绩效指标完成情况确定整个企业奖金发放额度。主要包括股票期权计划和员工持股计划。

第三节　奖金与福利管理

一、奖金管理

奖金与福利是员工薪酬的重要组成部分。奖金常根据员工工作绩效进行浮动，因而属于可变薪酬的重要内容之一。此外，企业需要经常检查自己的福利计划，以了解这些福利项目是否适合当前员工的需要。本节主要介绍奖金与福利的含义、功能、类型等内容。

（一）奖金概述

1. 奖金的含义

奖金是为了奖励那些已经超额或超标准完成某些绩效标准的员工，或为了激励员工去完成某些预定的绩效目标，而在基本工资基础上支付的可变的、具有激励性的报酬。简单地说，奖金是企业对员工超额劳动部分或劳动绩效突出部分所支付的奖励性报酬，其支付依据是绩效标准。

2. 奖金的类型

从总体奖励报酬的角度来看，可以把奖金分成货币化奖金和非货币化奖励两种类型，而非货币化奖励又可以分为五种基本形式，即社会强化激励（如表扬）、实物奖励、旅行奖励、象征性奖励、休假奖励。

（1）短期奖金

①绩效加薪

其特点是：累加性，直接添加到基本工资中，每次加薪后基本工资额都获得增长，下一次加薪在已增加的基本工资额基础上进行；不同的绩效评价等级对应不同的工资涨幅；要达到"最低限度有意义的加薪"，即要支付员工认为有奖励意义的最低加薪额。

②一次性奖金

属于"非累积性绩效加薪"，每次加薪并不增加工资基数，而是按绩效评价水平给予一次性奖金。

③个人特别绩效奖

具有一定的针对性和灵活性,可突破基本奖励制度在支付额度、周期以及对象上的局限;操作比较简单,即谁的业绩特别突出就特别奖励谁。

(2)长期奖金

①员工持股计划

是企业所有者与员工分享企业所有权和未来收益权的一种制度安排。员工通过购买企业部分股票(或股权)而拥有企业的部分产权,并获得相应的管理权。在实践中,员工持股计划往往是由企业内部员工出资认购本公司的部分股权,并委托员工持股会管理运作,员工持股会代表持股员工进入董事会参与表决和分红。

②股票期权计划

是指上市公司授予公司员工(一般是高管和核心技术人员)在未来一段时间内,以事先商定的价格和条件认购自己公司一定数量股票的权利。它是公司所有者授予公司员工的一种特权,不能转让,期权价值只有在公司得到发展,每股净资产提高、股票市价上涨后,才能真正体现出来。股票期权是一种未来概念,如果员工在股票期权到期日之前离开公司,或者经营者无法达到约定的业绩目标,这种权力就会被放弃。

(3)群体奖金

①利润分享计划

指根据对某种组织绩效指标(通常是财务指标)的衡量结果向员工支付报酬的绩效奖励模式。员工可根据组织整体业绩获得年终奖或者股票,或以现金或延期支付的形式分得红利。在实际运用中,利润分享计划在成熟型企业中较为有效。

②收益分享计划

是组织提供的一种与员工分享由生产率提高、成本节约和质量提高而带来收益的奖金计划。一般情况下,员工按照一个事先设计好的收益分享计划,根据该员工所在组织的总体绩效改善状况获得奖金。收益分享计划兴起于20世纪30年代,近年来伴随着组织变革和薪酬实践的发展,成为一种典型的团队绩效薪酬形式。

③成功分享计划

又称目标分享计划,运用平衡计分卡为某个经营单位制定目标(包括财务和非财务目标、过程和结果目标等),然后对超越目标的情况进行衡量,并根据衡量结果对经营单位提供绩效奖励的做法。

(二)针对特殊人员的奖酬计划

特殊人员一般具有两个特征:一是在企业中处于矛盾冲突交接位置,或者说其工作性质和环境有着特殊的要求,面临的工作压力较大,需要有更专业的知识和技能;二是其工作完成得好坏对整个企业经营状况有着很重要的影响。因此，对特殊人员的激励有着全局的重要意义，并且这种激励具有很强的针对性。

1. 公司董事的奖励报酬

内部董事的奖励报酬包括在高层经理人会的奖励报酬中。外部董事的奖励报酬主要有包括聘金（年薪）、董事会议费、委员会会议费、委员会委员津贴。目前董事股票激励计划越来越流行。

2. 高层经理人员的奖励报酬

对高层经理人员的奖励报酬主要有四类：①一次性绩效奖金，包括非固定奖励、活动绩效奖金、预定分时奖金、目标计划奖金；②短期激励，包括利润分享计划、收益分成计划、一次性绩效奖；③长期激励计划，包括非法定股票期权、激励性股票期权、附加期权、股票增值权、限制性股票、业绩股票、虚拟股票等，有利于员工与组织形成利益共同体；④特权奖励，包括体检、公司提供交通用车、金融咨询、乘头等舱外出、俱乐部会员资格、个人资产管理、伤残保险、携配偶外出旅行、专用司机和车位、家庭保险计划、低息或无息贷款等。

3. 技术研发人员的奖励报酬

对技术研发人员的奖励报酬有以下四种：①基于双重职业发展通道（技术晋升阶梯和管理晋升阶梯），将一些运用于管理人员的分享计划和股票增值计划施行于技术研发人员；②对技术研发人员技能认证等级提升、专利发明等进行奖励；③为技术研发人员提供轻松、富有校园氛围的工作环境；④灵活安排技术研发人员的工作时间和方式等。

二、员工福利设计与管理

（一）员工福利的含义及特点

福利是员工薪酬中的重要组成部分，包括退休福利、健康福利，带薪休假、食物发放和员工服务，它有别于根据员工的工作时间计算的薪酬形式。福利具有如下两个特征：①福利通常采用延期支付或实物支付的方式；②福利具有类似固定成本的特点，因为福利与员工的工作时间之间并没有直接的关系。

可见，员工福利是总报酬的重要组成成分，多表现为非现金收入和非劳动收入。它是一种普惠制的报酬形式，通常采取间接支付的形式。

员工福利具有以下特点：

1. 补偿性

福利是一种对员工为组织提供劳动的物质补偿，也是员工薪酬收入的补充分配形式，只起到满足员工有限生活需要的作用。

2. 均等性

福利与工资、奖金不同，它不是以员工对企业的相对价值或自身绩效为基础，而是只要符合享受条件的组织员工，不论职位高低都可以享受。

3. 集体性

员工通过集体消费或共同使用公共设施的方式分享员工福利。集体消费或共同使用企业的公共物品在满足员工的某些物质需求外，还可以强化员工的团队意识和对组织的归属感。

（二）员工福利的功能

1. 激发员工工作积极性

完善的企业福利制度可以满足和保证员工生活上的需要，解除员工的后顾之忧，这有助于激发员工的进取心，提高员工的工作积极性。同时，一个企业福利搞得好，可以提高组织声誉，吸引更多优秀人才加入，有助于激活组织的动态性和创造性，增强组织内部的协作精神。

2. 增加员工隐性收入

福利多为非货币和延期支付形式，可以享受税收的优惠，相比货币收入能够提高员工的实际收入水平，尤其是实物福利。事实上，员工福利中的许多内容是员工工作或生活所必需的，即使企业不为员工提供，员工也要花钱去购买。在许多商品和服务的购买方面，团体购买显然比个人购买更具有价格方面的优势。

3. 满足员工多样化需求

员工福利既可以满足员工在生理和安全上的需要，也能满足员工的平等和归属感的需要，既可以是实物，也可以是服务或学习成长。如各类社会保险和企业补充性保险都可以满足员工的安全需要；带薪休假、集体旅游和企业内部各种宴会等项目则可以使员工在紧张的工作之余调整生活节奏，放松身心，获得感情上的满足。

4. 营造和谐的企业文化

福利体现了企业对员工的情感投入和人文关怀，借助于它可以传递企业的经营理念和企业价值观。企业通过福利为员工提供各种形式的照顾和实惠，从工作保障、工作条件和其他经济利益上提高员工满意度，让员工感受到企业的关怀和重视，提高员工的向心力和凝聚力。

（三）员工福利的种类

员工福利按照其制定的依据可分为法定福利和非法定福利。

1. 法定福利

法定福利亦称基本福利，是指依据国家法律法规和政策规定，企业必须为员工提供的各种福利，其特点是企业只要建立并存在，就必须按照国家统一规定的福利项目和支付标准支付，不受企业所有性质、经济效益和支付能力的影响。在我国，法律规定的企业必须提供的福利包括法定的社会保险、住房公积金、法定假期以及其他假期等。

法定的社会保险主要包括养老保险、失业保险、医疗保险、工伤保险和生育保险。

住房公积金是单位及其在职职工缴存的长期住房储金，主要包括个人缴存的住房公积金和员工所在单位为员工缴存的住房公积金，它属于员工个人所有。

法定假期是指根据国家、民族风俗习惯或纪念要求，由国家法律统一规定的用以进行庆祝及度假的休息时间。法定假期的休假安排，为居民出行、购物和休闲提供了时间的便利，为拉动内需、促进经济增长做出了积极贡献。我国的法定假期主要包括公休假日、法定休假日、带薪年休假和其他假期。除了上述法定假期外，还要一些假期如病假、探亲假、婚丧假、产假、配偶生育假等也属于法定福利范畴。

2. 非法定福利

非法定福利，也称为自愿性福利，它是企业根据自身经营状况、管理特色和员工内在需求而有目的、有针对性地设置的一些符合企业实际情况的福利。企业的非法定福利种类较多，形式灵活，主要的非法定福利包括企业补充保险计划和员工服务福利。

（1）企业补充保险计划

企业补充保险与强制性的法定社会保险不同，是由企业自主设立的、具有针对性的员工福利计划。一般包括补充养老保险计划、补充医疗保险计划、补充性住房计划等。

（2）员工服务福利

员工服务福利是指企业向员工提供的各种服务福利。通常包括员工帮助计划、咨询服务、教育援助计划、家庭援助计划、饮食服务、健康与文体娱乐服务、员工住宿设施、交通服务、金融性服务等福利。

员工帮助计划是由企业为员工设置的一套系统、长期的福利与支持项目，即通过专业人员对组织的诊断、建议和对员工及其直系亲属提供专业指导、培训和咨询，旨在帮助解决员工及其家庭成员的各种心理和行为问题，提高员工在企业中的工作绩效。咨询服务主要包括财务咨询、家庭咨询、职业生涯咨询、法律咨询、重新谋职咨询以及退休咨询等。教育援助计划是指通过一定的教育或培训手段，提高员工素质和能力的福利计划，可分为内部援助计划（在企业内部进行培训和学习）和外部援助计划（学费报销计划，鼓励员工提高知识和技能）。家庭援助计划主要包括企业为员工提供的儿童看护帮助和老人护理服务。

　　企业补充福利不是法律强制的，却是吸引、激励和留住优秀员工的有效手段。企业应根据自身的行业特点、规模、实力、人才市场供求状况、员工特点等权衡选择相应的福利项目，制定员工福利制度。

第六章　劳动关系管理

第一节　劳动关系管理的内容

一、劳动关系的含义

从人力资源管理角度，劳动关系实质就是劳动者与用人单位在实现劳动过程中建立的社会经济关系。劳动关系有广义与狭义之分。广义的劳动关系是指在实现劳动过程中，劳动者与劳动力使用者所结成的社会经济关系，它是现代社会中最主要的一种社会经济关系。狭义的劳动关系是指企业生产、经营与分配各个环节中，依据国家劳动法律法规，规定和确认当事人双方的权利和义务的一种劳动法律关系。

二、劳动关系的性质

（一）社会经济关系

劳动关系是发生在劳动过程中的社会经济关系。劳动关系的一方当事人，劳动者必须加入某一家用人单位，并参加用人单位组织的生产劳动；劳动关系的另一方，用人单位向劳动者支付劳动报酬和福利，双方所体现的经济利益关系或财产关系的性质是劳动关系的基本性质。因此，劳动关系反映的是管理者与劳动者之间的经济利益关系。劳动关系是由双方的经济利益所引起的。劳动关系中的劳动者向用人单位提供劳动，用人单位必须按照劳动者提供劳动的质量或数量给付劳动报酬，提供员工福利和相关社会保险待遇等。

（二）社会契约关系

在劳动力资源的配置过程中，为了保证劳动力市场的有序进行，保障劳动关系主体双方的自主与平等，劳动关系主体的行为由相应的法律和依法签订的合同来规范，劳动关系表现为契约性，即由劳动者与用人单位签订劳动合同，由劳动者的群众组织—工会与用人单位签订集体合同，明确劳动过程中各方的权利和义务，劳动关系的契约属性反映出它的制度层面。

三、劳动关系的特征

劳动关系的特征，是指劳动关系双方当事人之间相互关系的实质或核心内容。在人力资源管理中，劳动关系具体如下：

（一）劳动关系是劳动力与生产资料的结合

劳动关系是在现实社会劳动过程中发生的关系，并常常通过劳动管理体现。劳动关系的主体双方，一方是劳动者，另一方是劳动使用者（用人单位）。劳动关系的本质是强调劳动者将其所有的劳动力与用人单位的生产资料结合起来。这种结合关系从用人单位角度观察即是对于劳动力的使用，将劳动者提供的劳动力作为一种生产要素纳入其生产过程。在劳动关系中，劳动力始终作为一种生产要素而存在，而非产品。

（二）劳动关系具有经济利益性

劳动关系是用人单位与员工之间的利益关系，二者通过劳动交易联系起来。用人单位的利益在于以一定的薪酬为条件，通过加强各种形式的管理与监督，使得员工付出较多的劳动，必要时辞退不满意的员工。而员工的利益在于以劳动为条件，获取较高的薪酬与其他待遇，为此可能对于用人单位管理与监督提出异议，甚至采用各种抗议措施。因此，利益是劳动关系的基础。

（三）劳动关系具有平等性

这种平等性突出体现在双方权利、义务形式的对等上。一方面劳动关系是在平等协商基础上建立起来的，另一方面劳动关系的建立是以劳动合同为保证的，而劳动合同是双方在自愿、平等、没有外在干扰的前提下签订的。

（四）劳动关系是具有从属性的劳动组织关系

劳动关系主体双方存在管理和被管理关系，虽然双方的关系是建立在平等自愿、协商一致的基础上，但自劳动关系建立后，用人单位作为劳动使用者，要安排劳动者在组织内和生产资料相结合；而劳动者则要通过运用自身的劳动能力，完成用人单位交给的各项生产任务，劳动者要依法服从经营者的管理，遵守规章、制度。

四、影响劳动关系的因素

影响劳动关系的因素除了内部组织因素外，外部环境因素包括经济环境、技术环境、政策环境、法律和制度环境及社会文化环境等也会对劳动关系产生一定影响。

（一）经济环境

经济环境包括宏观环境与微观环境。宏观环境中包括经济增长速度、就业率等，微观环境包括企业产品面临的竞争市场、人才竞争市场等，这些环境都能改变劳动关系双方的力量。

（二）政策环境

政策环境指政府的各种政策方针，如货币政策、财政政策、就业政策、教育和培训的政策、对企业劳动关系的直接干预等。其中，就业政策对于劳动力市场及组织中劳动关系的影响最为直接。它往往通过对供求状况的调整来改变双方在劳动力市场上的力量对比，以经济激励和惩罚措施来改变双方在就业组织内部的关系和力量。

（三）技术环境

技术环境包括产品生产的工序和加工方式，生产产品或提供服务所必需的资本密集程度或技术密集程度等。如果企业是技术密集型的，那么员工不服从管理会给企业带来更多的成本。因此劳动者的岗位力量就会增强。反过来，如果企业是劳动密集型，则劳动者的岗位力量会较弱。同样，技术环境的变化也会改变劳动力市场上技术类人才的供求状况。

（四）制度环境

在规范雇佣关系双方的行为方面，国家规定了相关的法律和制度，对双方的权利和义务进行了约束。企业必须与员工签订劳动合同，并对合同的履行与变更、解除与终止做了详细的规定，也对集体合同、劳务派遣等内容进行了修订，从而进一步规范劳动关系，保护劳动者权益。

（五）文化环境

文化环境主要由传统习惯、价值观、信仰等组成，其影响是潜在的、不易察觉的，它通过社会舆论和媒介来产生影响。

五、劳动关系的内容

劳动关系的内容，是指主体双方依法享有的权利和承担的义务，即劳动者与用人单位之间在劳动时间、劳动报酬、安全卫生、劳动纪律、福利保险、教育培训、劳动环境等方面形成的关系。双方关系的形成是基于劳动合同的建立。

（一）劳动者的权利和义务

劳动者依法享有的权利有劳动就业权、职业选择权、劳动报酬权、劳动保护权、休息休假权、社会保险权、职业培训权和劳动争议提请处理权等。

1. 平等就业的权利

劳动者有劳动就业权，是指具有劳动能力的公民有获得职业的权利。劳动就业权是有劳动能力的公民获得参加社会劳动和切实保证按劳取酬的权利。公民的劳动就业权是公民享有其他各项权利的基础。国家的性质决定了所有公民无论性别、民族、信仰等的不同而一律享有平等的就业权，而且任何职工在劳动过程中不得受到歧视和侮辱。

2. 选择职业的权利

劳动者选择职业的权利是指劳动者根据自己的意愿选择适合自己才能、爱好的职业。劳动者在劳动力市场上作为就业的主体，具有支配自身劳动力的权利，可根据自身的素质、能力、志趣和爱好及市场信息，选择用人单位和工作职位。选择就业的权利是劳动者劳动权利的体现，是社会进步的一个标志。

3. 同工同酬的权利

所谓同工同酬，是指在相同或相近的工作岗位上付出相同的劳动，应当得到相同的劳动报酬。用人单位与劳动者约定的劳动报酬不明确，新招用的劳动者的劳动报酬按照集体合同规定的标准执行；没有集体合同或集体合同未规定的，实行同工同酬。

4. 取得劳动报酬的权利

劳动者取得劳动报酬是公民一项重要的权利。随着劳动制度的改革，劳动报酬成为劳动者与用人单位签订的劳动合同的必备条款。劳动者付出劳动，依照合同及国家有关法律获取劳动报酬，是劳动者的权利，而及时足额地向劳动者支付工资，则是用人单位的义务。获取劳动报酬权是劳动者持续地行使劳动权必不可少的物质保证。用人单位未按照劳动合同的约定或国家规定及时足额支付劳动者劳动报酬的，由劳动行政部门责令限期支付劳动报酬；劳动报酬低于当地最低工资标准的，应当支付差额部分；逾期不支付的，责令用人单位按应付金额百分之五十以上百分之一百以下的标准向劳动者加付赔偿金。

5. 获得劳动安全卫生保护的权利

劳动者获得劳动安全卫生保护，是保证劳动者在劳动中的生命安全和身体健康，是对享受劳动权利主体切身利益最直接的保护，包括防止工伤事故和职业病。用人单位必须建立健全劳动安全卫生制度，严格执行国家安全卫生规程和标准，对从事特种作业的人员要进行专门培训，防止劳动过程中的事故，尽量减少职业病危害。

6. 享有休息休假的权利

享有休息的权利是我国宪法赋予劳动者的一项重要权利，休息时间包括工作间歇、两个工作日之间的休息时间、公休日、法定节假日及年休假、探亲假、婚丧假、生育假、事假和病假等。休息、休假的法律规定既是实现劳动者休息权的重要保障，又是对劳动者进行劳动保护的重要内容。

7. 享受社会保险和福利的权利

疾病和年老是每个劳动者都不可避免的，社会保险是劳动力再生产的一种客观需要。劳动的保险项目包括五种，即养老保险、医疗保险、工伤保险、失业保险和生育保险。随着生产力水平的提高和社会财富的增加，劳动者将享受越来越完善的社会保险和福利，这种权利也必须受到法律的保护。

8. 接受职业技能培训的权利

公民有受教育的权利和义务。所谓受教育既包括受普通教育，又包括受职业教育。公民要实现自己的劳动权，必须拥有一定的职业技能，而要获得这些职业技能，越来越依赖专门的职业培训。因此，劳动者若没有职业培训权利，那么劳动就业权利也就成为一句空话。

（二）用人单位的权利和义务

1. 依法约定试用期和服务期的权利

试用期是用人单位通过约定一定时间的试用来检验劳动者是否符合本单位特定工作岗位要求的制度。这对双方相互了解、双向选择具有积极的意义。同时，为了防止有些用人单位滥用试用期，劳动合同期限三个月以上不满一年的，试用期不得超过一个月；劳动合同期限一年以上不满三年的，试用期不得超过两个月；三年以上固定期限和无固定期限的劳动合同，试用期不得超过六个月。用人单位与同一劳动者只能约定一次试用期。以完成固定工作任务为期限的劳动合同或劳动合同期限不满三个月的，不得约定试用期。试用期包含在劳动合同期限内。劳动合同仅约定试用期的，试用期不成立，该期限为劳动合同期限。劳动者试用期间的工资不得低于本单位相同岗位最低工资或劳动合同约定工资的百分之八十，并不得低于用人单位所在地的最低工资标准。

2. 依法约定竞业限制的权利

竞业限制是在劳动关系结束后，要求特定的劳动者在法定时间内继续保守原用人单位的商业秘密及与知识产权相关的保密事项。劳动力市场的非正当竞争直接影响企业的发展。商业秘密及与知识产权相关的保密事项关系企业的竞争能力，不仅关系企业的发展，有时甚至直接影响到企业的生存。对负有保密义务的劳动者，用人单位可以在劳动合同或保密协议中与劳动者约定竞业限制条款，并约定在解除或终止劳动合同后，在竞业限制期限内按月给予劳动者经济补偿。劳动者违反竞业限制约定的，应当按照约定向用人单位支付违约金。

竞业限制的人员仅限于用人单位的高级管理人员、高级技术人员和其他负有保密义务的人员。竞业限制的范围、地域、期限由用人单位与劳动者约定，竞业限制的约定不得违反法律法规的规定。在解除或终止劳动合同后，负有保密义务的人员到与本单位生产或经营同类产品、从事同类业务的负有竞争关系的其他用人单位，或者自己开业生产或经营同类产品、从事同类业务的竞业限制期限，不得超过两年。

3. 依法解除劳动合同的权利

在赋予劳动者依法解除劳动合同权利的同时，也赋予用人单位依法解除劳动合同的权利。用人单位在以下情形下可以解除劳动合同：与劳动者协商一致，可以解除劳动合同；劳动者有严重违法、违纪、违规行为的，可以解除劳动合同；用人单位可以依法进行经济性裁员；劳动者患病或非因公负伤医疗期满后不能从事原工作又不能从事用人单位另行安排工作的；不能胜任工作，经培训或调整工作岗位仍不能胜任的，或者劳动合同订立时依据的客观情况发生重大变化，致使劳动合同无法履行的。用人单位提前三十日以书面形式通知劳动者本人或额外支付劳动者一个月工资后，可以解除劳动合同。

4. 尊重劳动者知情权的义务

用人单位招用劳动者时，应当如实告知劳动者工作内容、工作条件、工作地点、职业危害、安全生产状况、劳动报酬，以及劳动者要求了解的其他情况。

5. 在招用劳动者时不得扣押劳动者的证件和收取财物

用人单位招用劳动者，不得扣押劳动者的居民身份证和其他证件，不得要求劳动者提供担保或以其他名义向劳动者收取财物，并规定了相应的法律责任。

6. 劳动合同解除或终止后对劳动者的义务

在解除或终止劳动合同后，劳动关系就不复存在了。为了便于劳动者尽快找到新工作，用人单位应当为劳动者出具解除或终止劳动合同的证明，并在十五日内为劳动者办理档案和社会保险关系转移手续。用人单位对已经解除或终止的劳动合同的文本，至少保存两年备查。

第二节 劳动合同管理

一、劳动合同概述

（一）劳动合同的概念

劳动关系说到底是劳动者与用人单位之间自愿确立的一种契约关系，依据这种契约双方明确各自的权利和义务。劳动契约可以有不同的形式，如口头契约、文字契约等，但由于口头契约具有不稳定性，不利于执行，现代社会的劳动契约普遍采用了文字契约的形式。

劳动合同是确立劳动关系的法律凭证，通过劳动合同的签订、履行、终止及变更、解除等，调节劳动力的供求关系，既能使劳动者保持一定的择业权利和流动自由，又能制约劳动者在合同期内履行劳动义务和完成应尽职责，同时对用人单位的用工和管理产生一定的约束力，并经一定程序加以认定的规范化的文字性劳动契约。因此，劳动合同既是双方合法权益的法律保障，也是处理劳动争议的直接证据和法律依据。理解劳动合同的含义必须把握以下几点：

1. 劳动合同是劳动关系主体双方的劳动协议

劳动合同是以用人单位和劳动者双方为主体建立的劳动关系。其中，劳动者不受年龄（未成年人除外）、性别、文化程度、民族、种族和宗教信仰等的限制，只要其具备劳动能力和人身自由，同时为用人单位所雇用，就可以成为劳动合同的一方当事人或签订人；用人单位也不论其性质和生产经营方向等，只要依法具备雇用劳动者的资格，就可以成为与劳动者相对应的劳动合同的另一方当事人或签订人。

2. 劳动合同是双方当事人之间关于劳动权利和义务的约定

劳动合同是用人单位和劳动者之间就各自的权利和义务进行的约定，也是用人单位和劳动者履行义务和实现权利的依据。

3. 劳动合同一经签订，便具有法律效力

劳动合同是双方当事人之间的劳动协议，也是双方当事人之间的一种法律行为。劳动合同一经签订，便具有特定的法律属性，具有法律效力，双方当事人必须严格履行，不得违反，否则要受到法律的制裁。

（二）劳动合同的特征

劳动合同是发生在用人单位与劳动者之间的一种法律事实或法律文件，除了具备合同的一般特征外，还具有以下法律特征：

1. 合同主体的特定性

劳动合同的主体是特定的，劳动合同主体一方是用人单位，一方是具有劳动权利能力和劳动行为能力的劳动者，具体范围由国家法律规定。在有些情况下，劳动者可以委托他人或一定的组织代行自己的权利以签订集体合同。

2. 劳动合同当事人法律地位的平等性

劳动合同是双方当事人之间平等自愿、协商一致达成的协议，是双方当事人意愿表示一致的产物。劳动合同主体双方的自由协商的条款，要在国家法律规定的范围之内。

3. 合同履行中的隶属性

劳动合同签订后，劳动者成为用人单位的一员，用人单位根据劳动法律、法规和劳动合同，有权利组织和管理本单位的员工，劳动者要遵守用人单位的劳动纪律和内部劳动规则，双方在管理上存在着依从、隶属关系。这种责任上的隶属关系，是由社会化生产劳动过程中的分工要求所形成的。

（三）劳动合同的类型

按照合同划分，劳动期限有以下三种类型：

1. 固定期限劳动合同

固定期限劳动合同，是指双方当事人在劳动合同中明确约定合同终止时间的劳动合同。

定期限劳动合同的期限届满，劳动关系终止。但是，如果双方有延续劳动合同的意愿，固定期限劳动合同可以延长。固定期限劳动合同可分为长期劳动合同（五至十年）、中期劳动合同（一至五年）和短期劳动合同（一年或几个月）。

2. 无固定期限劳动合同

无固定期限劳动合同，是指双方当事人在劳动合同中没有明确约定合同终止时间的劳动合同。无固定期限劳动合同在劳动者法定的劳动年龄内和用人单位存在的期限内有效。

3. 以完成一定工作为期限的劳动合同

以完成一定工作为期限的劳动合同，是指以完成某项工作或某项工程的日期为劳动合同终止日期的劳动合同。它适用于建筑业、交通业和水利工程等项目。

二、劳动合同的订立

（一）劳动合同订立的原则

劳动合同的订立，是指劳动者与用人单位之间为建立劳动关系，依法就双方的权利义务协商一致，设立劳动合同关系的法律行为。用人单位自用工之日起即与劳动者建立劳动关系，劳动关系建立后一个月应订立书面劳动合同。

1. 平等自愿的原则

平等，是指订立劳动合同的双方当事人具有相同的法律地位。在订立劳动合同的过程中，双方当事人都以平等的身份出现，不存在任何依附关系，都有权选择对方并就合同内容表达各自独立的意愿。

自愿，是指订立劳动合同完全是出自双方当事人自己的意愿。劳动合同当事人在主张自己的权益时，任何一方不得将自己的意志强加给对方，也不允许第三者进行非法干预。凡采取欺诈、胁迫等手段，把自己的意愿强加给对方的，均不符合自愿原则。

对于双方当事人来讲，平等是自愿的前提和基础，自愿是平等的表现，两者相辅相成，才能真正体现平等自愿的原则。

2. 协商一致的原则

劳动合同的双方有着不同的经济利益和劳动要求。在确立劳动关系、签订劳动合同的过程中，劳动合同的双方应当通过协商的方式，就劳动合同的有关问题，如劳动报酬、工作时间、工作条件等达成一致，使劳动合同的内容和条款能够被双方共同接受，使劳动关系得以最终成立。

3. 合法订立的原则

劳动合同的订立必须遵守国家有关的法律法规。无效的劳动合同从订立的时候起，就没有法律约束力。确认劳动合同部分无效的，如果不影响其余部分的效力，其余部分仍然有效。

（二）劳动合同的内容

1. 法定条款

法定条款，是指按照法律、法规的规定在劳动合同中必须具备的条款。

2. 约定条款

用人单位与劳动者订立的劳动合同除了必备条款外，还可以协商其他约定的内容，称为可备条款或协商条款。它是指根据各种岗位的不同特点，以及合同双方当事人各自的具体情况，由双方选择约定的具体条款。可备条款也应该在法律、法规、政策的指导下商定。

例如，试用期条款。试用期，是指对新员工进行试用的期限，是劳动关系双方为了相互了解而在劳动合同中约定的特定期限，是企业与新员工双向考察的缓冲阶段。企业和新员工可以就试用期期限、试用期工资等事项做出约定，但不得违反本法有关试用期的规定。

（三）合同订立的程序

劳动合同的订立程序，是指劳动者和用人单位在订立劳动合同的过程中应履行的手续和必须遵循的步骤。

1. 要约

在签订劳动合同前，劳动者和用人单位提出签订劳动合同的建议，称为要约。如用人单位通过招工简章、广告或媒体等渠道提出招聘要求，另一方接受建议并表示完全同意，称为承诺。一般由用人单位向劳动者提出拟定的劳动合同草案后，必须给予劳动者一定的时间来考虑，劳动者有权对劳动合同草案的条款进行修改，并提出自己的意见。

2. 草拟

在劳动合同签订之前首先要由一方拿出劳动合同文本。劳动合同文本的草拟一般是企业的事，由企业人力资源部分管相关工作的人员负责。各地劳动行政部门也有自己的劳动合同示范文本，用人单位也可以采用，但是即使使用劳动合同示范文本，用人单位也要结合自己单位的实际将其细化。

3. 协商

在用人单位提供劳动合同草案和向劳动者介绍内部劳动规章制度的基础上，当事人双方对将要签订的劳动合同草案进行认真磋商，包括劳动合同期限、工作任务、劳动报酬、劳动条件等。经过讨论、研究、相互让步，最后达成一致意见。要约经过双方反复提出不同意见，最后在新要约的基础上表示新的承诺。在双方协商一致后，协商即告结束。

4. 签约

在认真审阅合同文书，确认没有分歧后，用人单位的法定代表人（负责人）或其书面委托的代理人，代表用人单位与劳动者签订劳动合同。劳动合同由双方分别签字或盖章，并加盖用人单位印章，劳动者一方不得由他人代签。劳动合同书未经劳动者签字不发生法律效力。订立合同可以约定生效时间，没有约定的，以当事人签字或盖章的时间为生效时间。当事人签字或盖章的时间不一致的，以最后一方签字或盖章的时间为准。

三、劳动合同的履行

劳动合同的履行，是指劳动合同当事人双方按照劳动合同规定的条件，履行自己所应承担的义务的行为。劳动合同的履行并不是当事人一方所能完成的，必须由当事人双方共同完成。用人单位应当按照劳动合同的约定和国家规定，向劳动者及时足额支付劳动报酬。用人单位拖欠或未足额支付劳动报酬的，劳动者可以依法向当地人民法院申请支付令；人民法院应当依法发出支付令。

劳动合同履行应遵循的原则包括以下几个：

（一）全面履行

劳动合同的全面履行，是指劳动合同中订立的各项条款都必须认真履行，按质、按故全部履行自己承担的义务。因为劳动合同是一个整体，合同中订立的条款相互之间有内在联系，当事人双方的权利才能充分实现。要克服那种有利于自身的条款就积极履行，有利于对方的条款则消极对待的现象，只有当事人双方认真地全面履行了劳动合同所规定的全部义务，当事人的权利才能充分实现。劳动合同的全面履行，既不能只履行部分义务而将其他义务置之不顾，也不得擅自变更合同，更不得任意不履行合同或解除合同。对用人单位而言，必须按照合同的约定向劳动者提供适当的工作场所和劳动安全卫生条件、相关工作岗位，并按照约定的金额和支付方式按时向劳动者支付劳动报酬；对劳动者而言，必须遵守用人单位的规章制度和劳动纪律，认真履行自己的劳动职责，并且亲自完成劳动合同约定的工作任务。在劳动合同关系中劳动者提供劳动力，而用人单位则是使用该劳动力，劳动合同作为具有人身关系性质的合同其所规定的条款相互之间有内在联系，不能割裂。因此，全面履行劳动合同也是劳动合同的基本要求。

（二）实际履行

实际履行的原则意味着劳动关系以特定的法人（包括非法人实体经济组织）和劳动者主体，双方均不得由他人顶替，其权利必须亲自享受，不得转让；其义务必须亲自履行，不得代行或转移。

（三）协作履行

协作履行，是指双方在履行劳动合同过程中，要互相理解和配合，相互协作履行，相互帮助，共同完成合同规定的义务，共同实现合同目的。

四、劳动合同的变更与续订

（一）劳动合同的变更

1.劳动合同变更的定义

劳动合同的变更，是指在合同开始生效但尚未完全履行之前，劳动合同双方当事人依照法律规定的条件与程序，就已订立的劳动合同条款达成修改、补充协议的法律行为。劳动合同的变更，其实质是双方的权利、义务的改变。合同变更的前提是双方原已存在着合法的合同关系，变更的原因主要是客观情况发生变化，变更的目的是继续履行合同。

劳动合同的变更分为广义的变更和狭义的变更。狭义的合同变更一般限于内容的变更，而不包括主体的变更。而广义的合同变更不仅是内容的变更也包括合同主体的变更。一般所说的劳动合同的变更指的是狭义的变更。

2.劳动合同变更的程序

（1）提议

即用人单位或劳动者提出变更合同的请求。不管是哪一方当事人提出变更合同的请求，都要就合同变更的理由、内容、条款和条件等做出说明，并给对方当事人一个答复的期限。

（2）承诺

即被请求方按期向请求方做出答复。被请求方在接到请求方变更合同的要求后，要在请求方给出的期限内给予答复，可以是同意，也可以提出不同的意见，供双方进一步协商。对于不符合法律规定的请求，被请求方可以表示不同意。

（3）协商

即双方协商，达成书面协议。双方当事人就要求变更的合同内容和条款进行协商，在取得一致意见的基础上，达成和拟定书面协议。变更的书面协议要经双方当事人签名、盖章后才有效。

（4）备案或鉴证

凡在订立时经过备案或鉴证的劳动合同，变更劳动合同的书面协议也需要送交用人单位主管部门备案，或到鉴证机构办理鉴证手续。需要鉴证的变更协议，只有在鉴证后才能生效。

（二）劳动合同的续订

1.劳动合同续订的定义

劳动合同续订，是指有固定期限的劳动合同到期，双方当事人就劳动合同的有效期限进行商谈，经平等协商一致而延续劳动合同期限的法律行为。劳动合同续订的原则与订立劳动合同的原则相同。提出劳动合同续订要求的一方应在合同到期前三十日书面通知对方。

2.劳动合同续订的程序

（1）发出续订意向书

劳动合同期限届满或其他的法定、约定终止条件出现，任何一方要求续订劳动合同，应提前三十日向对方发出《续订劳动合同通知书》，并及时与对方协商，依法续订劳动合同。

（2）确认续订意向

就有关事项与劳动者进行协商。续订劳动合同，如劳动合同的主要条款已有较大改变，双方重新协商签订新的劳动合同；如原劳动合同的条款变动不大，双方可以签订延续《劳动合同协议书》并明确劳动合同延续期限及其他须重新确定的合同条款。

（3）签订劳动合同续订书

续订劳动合同后，用人单位应将双方重新签订的劳动合同或《延续劳动合同协议书》一式两份，送有管辖权的劳动鉴定机构进行鉴证，并到社会保险机构办理社会保险延续手续。

五、劳动合同的解除与终止

（一）劳动合同的解除

1.劳动合同解除的定义

劳动合同的解除，是指劳动合同订立后，尚未全部履行以前，出于某种原因导致劳动合同一方或双方当事人提前消灭劳动关系的法律行为。劳动合同的解除分为协商解除、法定解除两种；根据《劳动合同法》的规定，劳动合同既可以由单方依法解除，也可以双方协商解除。

法定解除，是指出现国家法律、法规或合同规定的可以解除劳动合同的情况时，无须双方当事人一致同意，合同效力可以自然或单方提前终止；协商解除是指合同双方当事人因某种原因，在完全自愿的情况下，互相协商，在彼此达成一致的基础上提前终止劳动合同的效力。法定解除根据提出解除的主体不同又可以分为用人单位单方解除和劳动者单方解除两种。

2. 劳动合同解除的形式

解除劳动合同是劳动合同从订立到履行过程中可以预见的中间环节，依法解除劳动合同是维护劳动合同双方当事人正当权益的重要保证。

（1）经双方协商解除劳动合同

劳动合同订立之后，经用人单位和劳动者协商，可以解除劳动合同。双方一旦就劳动合同的解除协商达成一致，并签订书面解除合同协议，就产生了双方劳动合同关系完结的法律效力。

（2）劳动者单方解除劳动合同

劳动者单方面解除劳动合同，分为以下两种情形：

一是劳动者自身的主观原因，想要提前解除劳动合同。在此种情况下，劳动者提前三十日以书面形式通知用人单位，即可以解除劳动合同；试用期内须提前三天通知用人单位，可以解除劳动合同。

二是由于单位的过错，劳动者不得不与之解除劳动合同时，无须向用人单位预告就可解除劳动合同或立即解除劳动合同。

（二）劳动合同的终止

1. 劳动合同终止的定义

劳动合同的终止，是指劳动合同的法律效力依法被消灭，亦即劳动合同所确立的劳动关系由于一定法律事实的出现而终结，劳动者与用人单位之间原有的权利和义务不复存在。

2. 终止劳动合同的条件

根据各国立法关于劳动合同终止的规定，能够引起劳动合同终止的事由，主要有下述几种：

（1）合同期限届满

固定期劳动合同在其有效期限届满时，除依法续订合同和其他依法可延期的情况外，即行终止。

（2）合同约定的终止条件成立

劳动合同或集体合同约定的合同终止条件实际成立，劳动合同即行终止。

（3）合同目的实现

以完成一定工作（工程）为期的劳动合同在其约定工作（工程）完成之时，其他劳动合同在其约定的条款全面履行完毕之时，因合同目的已实现而当然终止。

（4）当事人死亡

劳动者死亡，其劳动合同即终止。作为用人主体的业主死亡，劳动合同可以终止；如死者的继承人依法继续从事死者生前的营业，劳动合同一般可继续存在。

（5）劳动者退休

劳动者因达到退休年龄或完全丧失劳动能力而办理退休手续，其劳动合同即告终止。

（6）企业不复存在

单位依法被宣告破产、解散、关闭或撤销，其劳动合同随之终止。

（7）合同解除

劳动合同因依法解除而终止。

第三节　员工安全与健康管理

一、员工安全

劳动安全是企业生产发展的客观需要。在劳动生产过程中，客观上存在着各种不安全的因素，制订安全计划，做好安全生产与管理工作，对有效预防与工作有关的人体伤害和事故有着重要的意义。它不仅是道义的要求，也是国家法律所规定的。用人单位必须建立、健全安全卫生制度，严格执行国家安全卫生规程和标准，对劳动者进行劳动安全卫生教育，防止劳动过程中的事故，减少职业危害。

有效的人身安全管理首先要求用人单位要高度重视全面安全工作。所谓全面安全工作主要包括三方面的含义：一是安全工作范围的全面性，生产经营管理的各个方面、工作环境、生产设备及员工本身的行为等属于安全管理工作的范围；二是安全工作的全程性，企业运用的各个环节均程度不同地存在安全问题，一个小环节的疏忽可能酿成大的事故；三是安全工作的全员性，安全工作不仅是安全工作部门的事，它还需要最高管理层的协调管理和全体员工的通力合作。一般来说，管理层对安全工作越重视，员工的安全意识越强，就越不容易出现安全问题。

做好安全工作，除了企业要有安全意识大局，还必须有切实有效的措施予以保障。这包括制定安全政策和纪律、强化劳动安全政策和规定，以及对违规者进行纪律惩处，是安全工作的重要组成部分。应经常强化对安全行为方式的要求和及时表彰积极的安全举措。

二、安全教育

（一）生产岗位职工安全教育

①企业新职工上岗前必须进行厂级、车间级、班组级三级安全教育。三级安全教育时间不得少于四十个小时。

②厂级安全教育由企业主管厂长负责，企业安全卫生管理部门会同有关部门实施。厂级安全教育包括：劳动安全卫生法律、法规，通用安全技术，劳动卫生和安全文化的基本知识，本企业劳动安全卫生规章制度及状况，劳动纪律和有关事故案例等内容。

③车间级安全教育由车间负责人组织实施。车间级安全教育包括：本车间劳动安全卫生状况和规章制度，主要危害因素及安全事项，预防工伤事故和职业病的主要措施，典型事故案例及正确使用方法等内容。

④班组级安全教育由班组长组织实施。班组安全教育包括：遵章守纪，岗位安全操作规程，岗位间工作衔接配合的安全卫生事项，典型事故案例，劳动防护用品（用具）的性能及正确使用方法等内容。

⑤企业新职工应按规定通过三级安全教育并经考核合格后方可上岗。

⑥从事特种作业的人员，必须经过专门的安全知识与安全操作技能，并经过考核取得特种作业资格，方可上岗工作。具体办法按国家有关规定执行。

⑦企业职工调整工作岗位或离岗一年以上重新上岗时，必须进行相应的车间级或班组级安全教育。企业在实施新工艺、新技术或使用新设备、新材料时，必须对相关人员进行相应的有针对性的安全教育。

（二）管理人员安全教育

①企业法定代表和厂长、经理必须经过安全教育并经考核合格后方能任职。安全教育时间不得少于四十个学时。规定的安全教育教材由劳动行政部门制定或认可。安全教育包括：国家有关劳动安全卫生的方针、政策、法律、法规及有关规章制度，工伤保险法律、法规，安全生产职责，企业劳动安全卫生管理知识及安全文化，有关事故案例及事故应急处理措施等项内容。

②企业安全卫生管理人员必须经过安全教育并经考核合格后方能任职。安全教育时间不得少于一百二十学时。规定的安全教育由地市级以行政部门认可的单位或组织进行。安全教育包括：国家有关劳动安全卫生的方针、政策、法律、法规和劳动安全卫生标准。企

业安全生产管理、安全技术、劳动安全知识、安全文化，工伤保险法律、法规，职工伤亡事故和职业病统计报告及调查处理程序，有关事故案例及事故应急处理措施等内容。安全教育考核合格后，由劳动行政部门发给任职资格证。

③企业其他管理负责人（包括职能部门负责人、车间负责人）、专业工程技术人员的安全教育由企业安全卫生管理部门组织实施。安全教育时间不得少于二十四学时。规定的安全教育包括：劳动安全卫生法律、法规及本部门、本岗位安全卫生职责，安全技术、劳动卫生和安全文化的知识，有关事故案例及事故应急处理措施等项内容。

④班组长和安全员的安全教育由企业安全卫生管理部门组织实施。安全教育时间不得少于二十四学时。规定的安全教育包括：劳动安全卫生法律、法规，安全技术、劳动卫生和安全文化的知识、技能及本企业、本班组和一些岗位的危险因素，安全注意事项，本岗位安全卫生职责，有关事故案例及事故应急处理措施等内容。

三、员工健康

健康是一个内涵较为宽泛的概念，通常是指人们体力的、精神的和情绪的总的安好状态。员工的健康方面存在的问题是多种多样的，有些问题是长期性的，有的则转瞬即逝。但是，所有这些问题都可能影响企业的经营和员工的生产力。

员工健康管理是针对一个生命群体资源化的管理，是一种现代的人力资源管理模式，是人力资源模式从"物"管理转向"人"管理的反映。员工资源管理的实质是全面实现预防，即在健康信息管理基础上，针对不同员工的不同特点，开展健康教育和健康咨询与指导，通过与员工互动，使得员工群体达到最佳健康状况。

（一）健康管理体系

员工健康管理的核心不只是关注医疗治病环节，而是着眼于通过系统思考，整体统筹安排，力争实现医疗费用的整体使用效益最大化。

1. 健康管理体检

以人群的健康需求为基础，按照早发现、早干预的原则来选定体格检查的项目，健康管理体检项目可以根据个人的年龄、性别、工作特点等进行调整。个人健康信息包括个人一般情况（性别、年龄等）、目前健康状况和家族疾病史、生活方式（膳食、体力活动、吸烟、饮酒等）、体格检查（身高、体重、血压等）和血、尿实验室检查（血脂、血糖等）。

2. 健康评估与决策

通过分析个人健康史、家族史、生活方式和从精神压力等问卷获取的资料，对个人的健康状况及未来患病或死亡的危险性用数学模型进行量化评估，提供一系列个人健康体检报告、个人总体健康评估报告、精神压力评估报告等。其主要目的是帮助个体综合认识健康风险，鼓励和帮助人们纠正不健康的行为和习惯，制定个性化的健康干预措施并对其效果进行评估。

3. 个人健康管理咨询

完成前两步后，个人可以去健康管理服务中心接受咨询或通过电话、网络沟通，内容可以包括以下几方面：解释个人健康信息、健康评估结果及其对健康的影响，制订个人健康管理计划，提供健康指导，制订随访跟踪计划等。

4. 专项健康及疾病管理服务

除了常规的健康管理服务外，还可按病人及健康人分别为个体和群体提供专项的健康管理服务。对已患有慢性病的个体，可选择针对特定疾病或疾病危险因素的服务，如糖尿病管理、心血管疾病预防、精神压力缓解、戒烟、运动、营养及膳食咨询等。对没有慢性病的个体，可选择如个人健康教育、疾病高危人群的教育及维护项目、工作生活平衡等。

5. 个人健康管理后续服务

个人健康管理的后续服务内容主要取决于被服务者（人群）的情况及资源的多少，可以根据个人及人群的需求提供不同的服务。后续服务的形式可以是通过互联网查询个人健康信息和接受健康指导，定期寄送健康管理通讯和健康提示，以及提供个性化的健康改善行动计划。监督随访是后续服务的一个常用手段。随访的主要内容是检查健康管理计划的实现状况，并检查（必要时测量）主要危险因素的变化情况。健康教育课堂也是后续服务的重要措施，在营养改善、生活方式改变与疾病控制方面有很好的效果。

健康管理是一个长期的、连续不断的、周而复始的过程，即在实施健康干预措施一定时间后，需要评价效果，调整计划和干预措施。只有周而复始，长期坚持，才能达到健康管理的预期效果。

（二）员工健康常见问题

1. 职业病

职业病是员工健康管理最主要的问题，有效防治职业病也是劳动卫生管理工作的重中之重。所谓职业病，是指员工的技能状态和健康状况，由于受到生产工艺、作业过程或外界环境因素的不良影响而引起的疾病。许多职业病一旦形成，往往难以治愈，不仅会给企业造成损失，而且也给受害者及其家属带来负担。

根据我国目前的生产和技术条件，危害员工健康和影响生产经营比较严重的职业病主要有以下几种：职业中毒；尘肺；热辐射病和热痉挛；日射病；职业性皮肤病；电旋光性眼炎；噪声性耳聋；职业性白内障；高山病和航空病；振动性疾病；放射性疾病等。

有效地预防职业病系统的工程，其中的关键是消除或尽可能地减少各种危害的因素。要研究生产过程中产生的各种毒气、粉尘、噪声振动、不良照明、射线辐射等对人体的危害性和不卫生因素的产生机理、测试技术和控制技术，采取相应的措施消除各种职业性毒害，创造舒适卫生的工作环境。除此之外，以下几点也是必须注意的：要依据员工的生理和心理特点，设计和改变操作工艺；可以采取工作再设计措施，使劳动丰富多样；在不卫生因素未能消除的情况下，应为员工配备使用性能可靠的个人防护设备；除加强卫生保健的宣传，并定期为员工进行职业病检查外，根据工作的性质和特点，让员工做有针对性的工间操也是一种很好的措施。

2. 工作压力与健康

员工健康不仅是指良好的身体状况，还包括心理、精神方面的健康。事实上，人在心理、精神方面存在问题，通常也会导致身体的病痛。在现代社会，随着组织间及组织内部竞争的不断加剧，人们感受到的压力空前加大。在许多情况下，过重的工作压力已影响到了员工的健康状况。如何消除不良压力给员工健康造成的消极后果正引起人们的高度重视。

工作压力主要有两个来源，即环境因素和个人因素。首先，许多外部因素会导致工作压力，包括工作性质和数量、工作进度、工作速度、工作保障、主管人员的绩效评价、缺少充分的沟通及上下班的路线等。其次，个人因素也影响压力。事实上没有两个人会对同一工作状态做出相同的反应。一般来说，沉迷于工作，总是感到有一股力量驱使自己必须达到某种结果的员工和过于自尊的员工会将自己置于更大的压力之下。另外，如离婚、生活拮据等非工作问题引起的压力也会增加工作压力。

组织在确定和补救工作压力方面也有重要作用：主管人员要注意监控员工的工作绩效以发现压力症状；要时常通过态度调查确定组织压力来源（特别要注意由主管人员引起的压力）；改进挑选和配置程序，确保有效的人与事的匹配；提供职业开发计划，使员工从事与其自身能力倾向吻合的工作；建立畅通的沟通渠道，使员工与管理者能充分沟通。

第四节　劳动争议处理

一、劳动争议的概念

劳动争议，又称企业劳动纠纷，是指用人单位和劳动者在执行劳动法律、法规或履行劳动合同的过程中因劳动权利义务发生分歧而产生的纠纷，它是劳动双方利益冲突的一种表现。由于用人单位和劳动者作为劳动关系中的两个不同主体，他们利益不同、目标不同，甚至可能冲突对立。因此这种劳动争议的产生是必然的。

劳动争议处理制度是劳动关系调整的重要方式之一。它是一种劳动关系处于非正常状态，经劳动关系当事人的请求，由依法建立的处理机构—调解机构、仲裁机构和国家审判机关对劳动争议事实和当事人责任依法进行调查、协调和处理，为保证法定或约定劳动标准的实现而制定的有关处理劳动争议的调解程序、仲裁程序和诉讼程序的规范，即劳动争议处理程序性规定的总和。

二、劳动争议的特点

企业劳动争议是发生在企业内部的企业劳动者与企业管理者之间的利益矛盾、利益争端或纠纷。它与一般的民事纠纷或民事争议相比，具有以下几方面明显的特点：

（一）特定的争议当事人

企业劳动争议的当事人就是也只能是企业劳动关系的双方主体，即一方是企业管理者及其代表，另一方是企业劳动者及其代表。只要也只有劳动者及其代表与企业管理者及其代表之间通过集体合同或劳动合同建立了劳动关系，他们才有可能成为企业劳动争议的双方当事人。只有发生在企业劳动关系双方主体之间的争议，才是企业劳动争议。

（二）特定的争议内容

只有围绕经济利益而发生的企业劳动权利和劳动义务的争议，才是企业劳动争议；凡是在企业劳动权利和劳动义务范围之外的争议，都不属于企业劳动争议。如企业因财务问题、营销问题及员工的股份分红问题而发生的争议就不属于企业劳动争议。

（三）特定的争议手段

争议手段，是指争议双方当事人坚持自己的主张和要求的外在表达方式。企业劳动争议的手段不仅包括劳动者的怠工、联合抵制排工等方式，也包括企业劳动关系双方主体经常使用的抱怨、旷工、工作周转、限制产量、工业意外事故及工业破坏活动等方法。这些便构成了企业劳动争议特定的手段。

（四）影响范围较大

劳动争议具有不同于民事争议和其他争议的表现形式，如罢工等突发事件。不仅给生产造成损害，还会影响社会安定。因此，劳动争议常常被作为社会问题，由专门的法律政策和机构加以调整。

三、劳动争议的范围

按照劳动争议所涉及的权利义务的具体内容，劳动争议可以划分为以下几种：

（一）因确认劳动关系发生的争议

确认劳动关系，指的是用人单位聘用劳动者为其雇员，劳动者在用人单位管理下提供劳动获取报酬而形成劳动关系。现实中，有些用人单位不与劳动者签订劳动合同，以不存在劳动关系的凭证为由否认存在劳动关系，借此侵犯劳动者合法权益。《劳动争议调解仲裁法》将因确认劳动关系发生的争议纳入劳动争议处理范围，以帮助劳动者确认是否存在劳动关系。

（二）因订立、履行、变更、解除和终止劳动合同发生的争议

劳动合同中明确规定了劳动关系双方的权利和义务，涉及订立、履行、变更、解除和终止劳动合同全过程。上述任何一个环节发生的争议，如未及时签订劳动合同、劳动合同的单方解除或双方解除等，都适用于《劳动争议调解仲裁法》。

（三）因除名、辞退和辞职、离职发生的争议

市场经济中的人才流动必须在遵守法律的前提下进行，企业拥有开除、除名、辞退违纪员工的权利，员工也拥有自主择业、辞职的权利。现实中，由于用人单位和职工在利益方面的矛盾产生一系列的争议，如员工随意跳槽，企业随意辞退员工、开出苛刻条件限制员工离职等，都适用于《劳动争议调解仲裁法》。

四、劳动争议的处理原则

（一）合法性原则

合法性原则，是指劳动争议处理机构在调解、仲裁过程中坚持以事实为根据，以法律为准绳，依法处理劳动争议案件。也就是说，调解、仲裁的程序、方法和内容都不得违反法律，不得损害国家、集体和他人的权益。

（二）公正性原则

公正性原则包含两层含义：一是劳动争议双方当事人在处理劳动争议过程中法律地位平等，平等享有权利和履行义务，任何一方不得将自己的意志强加于另一方；二是劳动争议处理机构应当公正执法，保障双方当事人合法行使权利，对当事人在适用法律上一律平等，不得偏袒或歧视任何一方。

（三）及时性原则

及时性原则遵循劳动争议法律、法规规定的期限，尽可能快速、高效率地处理和解决

劳动争议。劳动争议具有特殊性，它与劳动者的生活、企业生产密切相关，关系到劳动者的就业、劳动条件、报酬待遇、社会福利等切身利益问题，一旦发生争议，不仅影响生产、工作的正常进行，而且直接影响劳动者及其家人的生活，甚至影响社会的稳定。因此对劳动争议必须及时处理，及时保护权利受侵害一方的合法权益，以协调劳动关系，维护社会和生产的正常秩序。

根据《劳动争议调解仲裁法》规定，劳动争议调解组织收到调解申请之日起十五日内未达成调解协议的，当事人可以依法申请仲裁；仲裁裁决一般应在劳动争议仲裁委员会受理仲裁申请之日起45日内做出，要求延长的，延长期限不得超过十五日。

（四）着重调解原则

劳动争议发生以后，当事人可以依法申请调解。调解，是指在劳动者和用人单位自愿的情况下，由劳动争议处理机构从中进行协商和疏通，促使双方能够相互理解，相互让步，最终达成协议，解决争议。劳动争议发生后，在条件许可的情况下，应首先进行调解，使劳动争议能够通过相互的协商和谅解，友好地加以解决。

用人单位与劳动者发生争议，当事人可以依法申请调解、仲裁、提起诉讼，也可以协商解决。调解原则适用于仲裁和诉讼程序，由此可见，着重调解原则包含两方面的内容：一是调解作为解决劳动争议的基本手段贯穿于劳动争议的全过程，即使进入仲裁和诉讼程序后，劳动争议仲裁委员会和人民法院在处理劳动争议时，仍必须先进行调解，调解不成的，才能做出裁决和判决；二是调解必须遵循自愿原则，在双方当事人自愿的基础上进行、不能勉强和强制，否则即使达成协议或做出调解书也不能发生法律效力。

（五）依法保护当事人的合法权益为归宿原则

由于劳动关系双方的利益存在差异，劳动争议的发生不可避免，而经济体制和劳动制度的改革更使双方的利益矛盾凸显，导致劳动争议大幅度增加。劳动争议处理制度为双方当事人开通了权利救济渠道，使争议能够依照法律途径解决。劳动争议处理机构通过依法受理和审理劳动争议案件，对当事人的合法权益予以维护，对违法或不适当的行为予以纠正，从而起到保护劳动者和用人单位双方的作用。在解决劳动争议的过程中要时刻牢记，调解、仲裁乃至诉讼程序的归宿和落脚点都是为了依法保护当事人的合法权益。

五、劳动争议的处理途径与程序

（一）劳动争议的处理途径

劳动争议处理，是指法律、法规授权的专门机构依法对劳动关系双方当事人之间发生的劳动争议进行调解、仲裁和审判的活动。依照《劳动法》的有关规定，劳动争议处理的基本形式是：当事人自行协商解决；依法向劳动争议调解委员会申请调解；向仲裁委员会申请仲裁；对仲裁裁决不服的在规定期限内可以向人民法院提起诉讼。

1. 通过劳动争议调解委员会进行调解

在用人单位内可以设立在企业内部的专门负责调解本企业发生劳动争议的基层组织，它由职工代表、用人单位代表、用人单位工会代表三方组成。其中，职工代表由职工代表大会或职工代表推荐产生，用人单位代表由厂长（经理）指定，用人单位代表的人数不得超过该委员会总数的三分之一。调解委员会主任由工会代表担任。其办事机构设在企业工会委员会。

调解委员会的职责是在职工代表大会领导下独立行使调解工作。主要包括：调解本单位内发生的劳动争议案件，检查督促争议双方当事人履行调解协议，对职工进行劳动法律法规的宣传教育，做好劳动争议的预防工作。

2. 通过劳动争议仲裁委员会进行裁决

劳动争议仲裁委员会是依法成立的通过仲裁方式处理劳动争议的专门机构。它独立行使劳动争议仲裁权。它以县、市、市辖区为单位，负责处理本地区发生的劳动争议。劳动争议仲裁委员会由劳动行政部门、同级工会和用人单位三方代表组成。仲裁委员会主任由劳动行政部门代表担任。劳动争议仲裁委员会是一个带有司法性质的行政执法机关，其生效的仲裁决定书和调解书具有法律强制力。

劳动争议仲裁委员会采取了"仲裁前置，裁审衔接"的体制。此外，根据《劳动争议调解仲裁法》的规定，对部分劳动争议仲裁案件进行有条件的一裁终局，即仲裁的裁决就是终局裁决，裁决后不能再到法院起诉。有条件是指这类案件仅对用人单位是一裁终局，劳动者不服裁决仍然可以向法院起诉。仲裁裁决书自做出之日起发生法律效力，这是附有条件的"一裁终局"。此类案件包括两类：一是小额案件，追索劳动报酬、工伤医疗费、经济补偿或赔偿金，不超过当地月最低工资标准十二个月金额的争议；二是劳动标准案件，因执行国家的劳动标准在工作时间、休息休假、社会保险等方面发生的争议。

3. 向人民法院提起诉讼

人民法院作为受理劳动争议诉讼的机关并不处理所有的劳动争议。只有法律规定由人民法院处理的劳动争议，人民法院才予受理。劳动争议案件的受理范围包括：劳动者与用人单位在履行劳动合同的过程中发生的纠纷；劳动者与用人单位之间没有订立书面劳动合同，但已经形成劳动管理后发生的纠纷；因执行国家有关工资、保险、福利、培训、劳动保护的规定发生的争议；等等。

（二）劳动争议的处理程序

1. 协商

发生劳动争议后，争议双方应该协商解决。劳动者可以与用人单位协商，也可以请工会或第三方共同与用人单位协商，达成和解协议。发生劳动争议，当事人不愿协商、协商不成或达成和解协议后不履行的，可以向调解组织申请调解。

2. 调解

发生劳动争议，当事人可以到下列调解组织申请调解：企业劳动争议调解委员会；依法设立的基层人民调解组织；在乡镇、街道设立的具有劳动争议调解职能的组织。不愿调解、调解不成或达成调解协议后不履行的，可以向劳动争议仲裁委员会申请仲裁。

3. 仲裁

劳动争议仲裁，指经争议当事人事请，由劳动争议仲裁机构对争议当事人因劳动权利、义务等问题产生的争议进行评价、调解与裁决的一种处理争议的方式。争议仲裁是一项具有准司法性质的处理劳动争议的方法。生效的劳动争议仲裁裁决都具有法律上强制执行的效力。

4. 诉讼

劳动争议当事人对仲裁裁决不服的，可以自收到仲裁裁决书之日起十五日内向人民法院提起诉讼。一方当事人在法定期限内不起诉又不履行仲裁裁决的，另一方当事人可以申请人民法院强制执行。

第七章　社会保障的基本内容

第一节　社会保障

一、社会保障的内涵与外延

人类社会不断发展进步，社会问题更加复杂和突出，社会保障作为社会安全机制，通过提供物质帮助保证社会成员的基本生活；同时，社会保障作为一种收入再分配方式，通过转移支付调节社会成员之间的收入差距，促进社会公平与稳定，实现社会和谐。社会保障涉及国家基本保障、企业补充保障、家庭保障、经济保障以及服务保障等诸多领域，建立和完善社会保障制度，不仅为社会成员提供可靠的"安全网"，而且为经济、政治和文化发展发挥"减震器"作用。选择什么样的社会保障模式、构建什么样的社会保障体系、对不同层次的社会保障如何进行资源的合理配置、分配后的资源如何组织运行、如何实现社会保障基金保值和增值等，都构成社会保障学科丰富的研究内容。

（一）社会保障的内涵

1. 社会保障的定义

从社会保障概念问世以来，由于各国的经济发展水平、社会制度、文化背景以及民族传统等不同，依据的理论体系存在差异，国际上还没有形成一个被普遍接受的社会保障的定义。20 世纪 80 年代前，我国在政府文件和学术文章中，虽然也经常使用"社会保障"这个词，但一直未对其做概念上的界定。究其原因，主要是人们在思想上认定，社会主义制度本身就意味着要对全体人民的物质和精神需求满足承担全部责任。因此，社会保障被看成社会主义的经济、政治、社会和其他制度本身具有的社会功能，没有界定的必要。但是，伴随着改革开放，社会发展出现一系列问题，这直接引起人们高度关注社会保障，由于时间还不够长，人们对社会保障概念的界定还处于起步阶段。

人们把社会保障看成：①一种确保社会生活安定，促进社会稳定、经济发展的社会机制；②一种社会安全制度；③一种公共福利计划；④一种社会保险制度；⑤一种预防、解决社会问题的安全网；⑥一种经济分配方式；⑦一种法律制度；⑧一种社会政策。这些观点从不同的视角来界定社会保障，仅仅反映了社会保障性质的某个侧面。

在对社会保障这一概念进行界定之前，必须把握对其不同界定的共性。

2. 社会保障的定义及基本要点

社会保障的各种不同定义的共同点，主要体现为政府保障社会成员基本生活需求，从而达到促进社会稳定和经济有序发展的目的。因此，社会保障是指以政府为主体，依据法律规定，通过国民收入再分配，对公民在暂时或永久失去劳动能力以及生活发生困难时给予物质帮助，保障其基本生活，以及全面增进全体公民社会福利的一系列有组织的举措和制度安排。其定义的基本要点包括：

（1）社会保障的责任主体是国家或政府

其理由是：首先，唯有国家或政府有能力担当社会保障的主体。国家是对社会进行管理的最高权力机关，政府是具体执行国家权力的行政机构，唯有政府有能力通过国民收入的分配和再分配，对全社会实行社会保障；其次，政府承担社会保障职能最具规模经济，可以降低分散化保障过高的执行成本；最后】，实现公平和效率的统一、社会经济的稳定增长，是社会的基本目标，因而国家或政府作为社会保障的责任主体有其寻求稳定和参与发展的内在动因。国家作为社会保障的责任主体，既是责任人，也是决策者和监管者，担负着组织、领导、实施、管理和监督社会保障运行的工作。

（2）社会保障的目标是满足人的基本生活需求和增进社会福利

社会保障的这一目标是基于"生存权是人的基本权利""效率优先，兼顾公平"的要求。国家和社会筹集社会保障资源，并且用货币资金、实物和服务等资源对贫困者和需要者实施保障。社会保障的对象是全体社会成员，社会保障坚持对不同层次的社会成员实施不同的保障原则：一是国家和社会对生活水平达不到最低标准的公民，通过各种途径，提供帮助、照顾、保证和保护；二是对出于年老、疾病、伤残、失业、生育、死亡、灾害等原因丧失劳动能力、无生活来源的社会成员提供经济和物质帮助；三是增加公共福利，提高全体社会成员的生活质量。无论是对贫困者实施救助保障，还是提高全体社会成员的公共福利，都是为了保证整个社会更加稳定和和谐，促使社会经济活动更加富有成效，这都体现了社会保障的根本目的。

（3）社会保障实施的依据和保证是相应的社会保障立法

现代社会保障制度是以健全、完备的法律体系作为其支点的，因此社会保障必须以法律形式进行规范和约束。其法律规范的内容包括国家、社会保障职能机构、企业和职工个人及各社会保障主体之间的权利与义务，各项社会保障费缴纳比例及保障津贴给付标准的确定与调整，社会保障职能机构的设置、编制、职能、责任与工作程序，各种社会保障基金的管理与投资营运的原则和办法，社会保障管理费的提取比例、使用范围与开支办法，法律责任等，从而使社会保障制度的运作制度化、规范化。国家通过立法建立包括社会救助、社会保险、社会福利、社会优抚、公共卫生在内的一系列社会保障制度，用于指导、规范社会保障的实施。

（二）社会保障的外延

社会保障的外延是与内涵相对应的。国际劳工组织认为社会保障主要承担九方面的风险，即疾病、生育、老年、残疾、死亡、失业、工伤、职业病和家庭。对这九方面的保障可以满足社会成员一生的基本生活需求，从而促进社会稳定和经济发展。

作为现代国家的社会政策的重要组成部分，社会保障可理解为对贫者、弱者实行救助，使之享有最低生活水准，对暂时和永久失去劳动能力的劳动者实行生活保障，使之享有基本生活水准，以及对全体社会公民普遍实施福利措施，以增进其生活福利，进而实现社会安定，并让每个劳动者乃至公民都有生活安全感的一种社会机制。归纳起来，社会保障一般包括社会保险、社会救助（也称社会救济）、社会福利、社会优抚等方面，社会保险是社会保障的核心内容。随着社会经济的发展，社会保障还将在增进基本人权特别是福利权方面，不断为提高全体社会成员的生活水平和生活质量做出更大的贡献。

二、社会保障的性质和特征

（一）社会保障的性质

社会保障的性质是指其内在的质的规定性，它表明社会保障区别于其他社会科学的根本属性。社会保障是一种保证每一名社会成员基本生存权利的"按需分配"形式。社会保障的性质，具体体现在自然属性、社会属性、劳动属性和分配属性等方面。

1. 社会保障具有自然属性和社会属性

（1）社会保障的自然属性

从社会保障的最直接的目的来看，它具有自然属性（或一般属性）。从社会保障的一般属性而言，不论是资本主义的社会保障还是社会主义的社会保障，都是共同的，即它是国民收入的一种再分配形式。劳动者的社会保障是劳动力再生产的组成部分，既不是宗教社团的慈善事业，也不是政府济贫的单纯的社会调节，而是一定经济社会形态下的法定的分配制度。社会保障的实施主体是政府，它通过国家立法，以强制手段对国民收入进行再分配，统一筹集资金，以保证满足社会成员在特殊情况下的基本生活需要，达到缓和社会矛盾、确保社会安定的目的。正因为不同社会制度下社会保障的一般属性有共同的地方，所以社会保障制度具有连续性。社会主义社会保障制度是在吸取资本主义社会保障制度的合理因素的基础上发展形成的。社会保障的自然属性具体表现在：

①任何国家的社会保障都是主要为处于生活困境或特殊需求状态的社会成员提供基本的生活保障，满足其最基本的生存需要，保证社会成员的生存安全。从社会保障的发展来

看，在任何国家，最早出现的、最基本的社会保障项目都是为了满足社会成员最基本的生存需要。

②社会保障是不同社会制度的国家普遍运用的社会政策，它是适应社会化大生产客观要求的。在社会化大生产过程中存在自然风险、经济风险和社会风险，这会给一些社会成员带来生存威胁，需要国家和社会通过社会保障制度为他们提供基本的生活保障。

③从形态上看，社会保障是国民收入社会化消费的一种再分配方式，是劳动力再生产的组成部分。它是在一定经济社会条件下实施的法定的分配制度，实施主体是政府。

（2）社会保障的社会属性

社会保障在不同社会制度下具有其不同的社会属性（特性）。社会保障的社会属性由社会生产关系的性质决定，是社会生产关系在社会保障领域的体现。不同社会制度下的社会保障有着本质区别。社会主义社会保障与资本主义社会保障的本质区别表现在：

①反映的社会性质不同。社会主义社会保障制度是由社会主义公有制决定的，它是社会主义制度的一个组成部分，反映社会主义分配关系，是在劳动者根本利益一致基础上，解决劳动者物质利益之间矛盾的一种有效方式，体现社会主义制度下劳动者物质利益的一致性。资本主义社会保障制度是建立在资本主义私有制基础之上的，是资本主义经济制度和政治制度的体现，反映和代表占人口极少数的资产阶级的意志和利益。

②目的和任务不同。社会主义社会保障的目的和任务是与社会主义生产力发展的要求相一致的，即最大限度地满足全体人民日益增长的物质和文化生活的需要。社会主义社会保障制度的不断完善，是为了推动社会主义经济和其他各项事业的发展，使全体人民彻底摆脱贫困，都过上幸福美满的生活。资本主义社会保障制度的实质是：为资本家榨取高额剩余价值服务，为缓和无产阶级和资产阶级之间的阶级矛盾和冲突、维护资本主义剥削关系、巩固和加强资本主义统治服务。

③发展方向不同。社会主义社会保障制度反映劳动者是社会的主人，劳动者之间是团结协作、互助互济的关系，体现着社会主义制度的优越性，有力地促进社会主义制度巩固和发展。而社会主义制度本身确保社会保障事业的发展方向，并随着社会主义生产力的不断提高而不断促进社会保障事业的发展和完善。资本主义国家推行的社会保障制度，只能在一定程度上调节生产关系、缓和阶级矛盾，资本主义的基本矛盾决定资本主义制度必然为社会主义制度所代替，作为资本主义剥削制度的一个组成部分的社会保障必将随着整个资本主义制度的灭亡，而被崭新内容的社会主义社会保障所取代。

2. 社会保障具有劳动属性和分配属性

（1）社会保障的劳动属性

有一种观点认为，社会保险属于剩余劳动。社会保障是一个复杂的组合概念，因此，关于社会保障的劳动属性即它属于必要劳动还是属于剩余劳动的问题，不能一概而论，要分别对社会保障的不同部分进行具体分析。

既然劳动者的社会保障是必要劳动，是劳动者在特殊情况下的基本生活之必需，在安排积累和消费、社会消费基金的比例时，就必须使社会保障基金得到保证，提取后也就不能够用在剩余劳动所承担的项目上去。既然明确了劳动者的社会保障是必需劳动，社会保障基金就应从劳动者创造价值中扣除、储存，而且提供的必要劳动越多，扣除储存额也越多，享受保险金的数额也应该越多，这就可以将劳动者享受社会保障的权利与扣除、储存社会保障基金的义务紧密地结合起来，从而有利于克服职工中存在的社会保障由国家包下来的依赖思想，鼓励劳动者努力劳动，依靠自己的力量建立社会保障基金，并合理而节约地使用社会保障基金。

（2）社会保障的分配属性

关于社会保障的分配属性，人们的看法也不尽一致。有的人认为，社会保障具有按需分配性质，是共产主义分配因素的萌芽；有的人则认为社会保障是按劳分配的继续和延伸。这些看法都是值得商榷的。

（3）劳动者的社会保障与按劳分配有一定联系

两者之间的联系在于：①按劳分配是社会主义社会存在社会保障的一个重要原因；②社会保障分配与按劳分配的物质客体在量的分割上存在相互影响和制约关系；③劳动者享受社会保障的权利和待遇标准是以按劳分配为前提和依据的。

（4）社会保障按实际的基本需要分配

社会保障的分配项目中，如工伤保险和养老保险中一定的部分，与劳动者原有的劳动贡献、缴费年限或工作年限、工资额挂钩，体现一定差别，以激励劳动者的劳动积极性，但也有一些项目待遇标准不与劳动者的缴费年限及原工资水平挂钩，如医疗保险主要根据患者实际的基本医疗需求进行分配，而与缴费年限及原工资水平不发生联系，又如失业保障基金的分配主要根据失业者的基本生活需要确定其待遇标准，以保障其基本生活需要得到满足，保护其劳动力不萎缩。社会保障中的社会救助、社会福利项目，则完全根据实际发生的灾害、丧失抚养和赡养人丧失劳动能力及生活来源等风险进行分配，并按照基本生活和基本医疗需求确定分配标准和水平。

（二）社会保障的特征

社会保障是国家和社会建立一系列有组织的保障措施和制度的总称。由国家组织和领导的社会保障，具有国家主体性、强制性、再分配性、基本生活保障性、社会性、互济性、储存性和福利性等特征。

1. 国家主体性

社会保障的国家主体性是指有关社会保障的各项政策要由国家来制定，并且依靠国家力量来组织实施。现代社会保障的主要特征是政府普遍承担起对社会进行保护的责任，并通过国家立法和国家行政机器对社会保障系统进行规划、组织和管理，社会保障的责任主体是政府。无论哪种模式，各国财政部门都不同程度地主动参与社会保障基金的管理和运营，并且绝大多数国家社会保障基金的筹集、支出和管理都由政府进行，并对社会保障财务负有最后的（并非完全的）责任。正如政府配置资源只需要政府做出配置决策一样，只要是由国家做出的收支决策，则不论执行机关为谁，社会保障仍不失国家主体性，以及该社会保障是国家保障的特性。

2. 强制性

国家性和强制性是密切联系的，国家是动员社会财富的最有效机器，是实现社会保障强制性的坚强后盾。社会保障制度关系到全体公民切身利益，作为市场经济的基础性构件之一，它既有延续性和稳定性，又有依据客观情势而修正的变动性。无论是稳定还是变动，都必须以法律规范为依据，并据此确定社会保障各项内容。社会保障是国家依据相关法律和政策强制实施的行为。社会保障的强制性主要体现为三方面。一是社会保障的法制性。居民享受社会保障的权利与国家提供保障的责任或义务均由法律规定，社会保障的具体项目、内容、形式、标准及享受者资格条件均需要制定相应的法规予以明确；每一级管理机构的职能、责任、办事程序，每一项保障资金的征缴、支付、管理与营运原则和方法都应建立在法制化、规范化基础之上。二是社会保障主体的强制性。社会保障面向全体国民，只要符合社会保障有关法律规定，就必须参加并接受社会保障，落实国家制定的各项社会保障政策是具有强制力的。三是社会保障基金筹集方式的强制性。社会保障基金是社会保障事业稳步实施的前提，而从其筹集方式看，主要有两种途径：第一，凭借国家的政治权力，通过税收制度实行强制性课征；第二，通过颁发有关的法令、法规等进行强制性统筹，即采用社会统筹方式来建立基金。

3. 再分配性

再分配性是指国家把劳动者个人已经得到或应该得到的一部分收入集中起来进行管理、运营和增值，按照国家立法规定进行再次分配。由国家出面统筹社会财富，保证社会保障所用财力来自全社会，使筹集起来的社会财富在最长时间内和最大空间里进行再分配，从而使社会保障的再分配性充分有效地得以实现。

4. 基本生活保障性

社会保障是社会按照一定时期生产力的发展水平，对生存遇到困难的社会成员满足基本生活需要予以物质帮助。基本生活保障性是指社会保障所要达到的目标是在社会成员处于生、老、病、残、失业等困难的情况下，社会为其提供最基本的生活需求资助。这部分人的基本生活需要得不到保障，就会危及他们的生存，影响社会安定。当然社会保障水平是随生产力发展水平的提高而逐步提高的。但是，无论在什么情况下，对社会成员由生存而引起的基本生活需要必须予以物质保证。有社会保障做保证，社会成员就具有安全感，人们就可以在心理上保持平衡，从而可以在安定的社会环境中从事创造性劳动。

三、社会保障的原则与功能

社会保障的基本原则是建立其制度需要遵循的基本准则。它通常包括普遍原则、公平原则、适度原则、统一原则、对应原则和多重原则等。

（一）社会保障的基本原则

社会保障的基本原则包括：

1. 普遍原则

所谓"普遍"，就是"广覆盖"，就是把社会成员中所有符合资格条件的人都纳入社会保障体系中，使他们的生活、劳动、收入都有所保障，即使人们遇上意外情况而陷入困境，也都能够得到社会帮助和妥善解决。

现代社会保障的根本目的就是使基本人权这一崇高理想得以实现，使所有社会成员都能够普遍地享有社会保障权利，这也是一个国家和文明社会对每一个公民所做出的承诺。因此，把全体公民都作为保障对象，无疑是社会保障发展的首要目标。在市场经济条件下，劳动者普遍存在着生、老、病、死、伤、残、失业等风险，这些风险对劳动者来说是客观存在的、不可避免会发生的，因此社会保障需要普及全体劳动者以至全体公民，即社会保障需要坚持普遍原则。对劳动者来说，不分城市和农村，不分部门和行业，也不分就业单位的所有制性质或有无职业，只要生存发生困难，原则上都应当普遍地、无例外地给予其基本生活的物质保障。社会成员之间只存在社会保障基金筹集方式、保障项目、保障标准以及采取保障形式的不同，并不存在社会保障有无的差别。"普及再普及"在当今社会已经成为社会保障最重要亦是最迫切的任务之一，把更多的人群纳入社会保障体系中来，并在这个社会大家庭中，通过公助、互助和自助的形式，获得应有的保护，这既是公民权普遍享有的最实际体现，也是社会保障发挥作用、提高全体社会成员安全感和生活质量的重要保证。我国生产力水平明显提升，需要做好社会保障规划，尽快实施社会保障全覆盖，把社会保障事业做好。

2. 公平原则

实现公平是社会保障追求的主要目标。其公平性表现在：第一，社会保障基金的分配虽然不可能绝对平均，但社会成员在享受社会保障的机会和权利上具有机会均等和利益均享的特征，即凡是生存遇到困难的社会成员，都可以均等地享有获得社会保障的机会和权利。第二，社会保障基金筹集和分配过程体现公平性。通过社会保障基金的筹集，使之在客观上起到限制高收入者收入水平的作用；同时通过社会保障的实施，又能提高低收入者的收入水平，从而缩小贫富差距，促进整个社会收入分配趋于公平。第三，公平分配还体现在社会保障水平要随物价水平、社会经济发展水平、社会平均工资水平以及生活水平的增长而相应地适度增长。

3. 适度原则

社会保障适度是指社会成员享受社会保障的水平要与公民抵御不可抗拒社会风险的能力相适应，与国民经济、社会发展水平、人口再生产速度相适应，与社会各方面的承受能力相适应。社会保障的发展程度和发展水平不仅是动态的，而且是有节制的，它的发展受到许多因素制约，特别要考虑供求平衡。强调适度原则：首先，社会保障发展目标要适度，从实际出发，量力而行，不能好高骛远、不切实际地追求"超度"发展；其次，把社会保障待遇水平适度放在重要位置上，可供社会保障的资源是有限的，它只能根据可以投入的资源总量来设计社会保障发展水平规划，其待遇水平既要保证效率提高，促进经济发展，又要有利于社会公平，促进社会稳定；最后，社会保障发展程度和水平都必须建立在社会可承受能力的基础之上，即政府、企业和个人都能承受是其前提。

4. 对应原则

所谓"对应"，就是社会保障的权利与义务对应。享受社会保障各种待遇和服务，是每一位公民享有的一项基本权利。但是，这种基本权利又是与义务联系在一起的，也就是享受权利和承担义务相统一。社会保障许多项目都涉及广泛的享受内容和标准，同时，它也规定了必须具备的条件和承担的义务。然而，在社会保障中，权利与义务又不是对等的，也就是说，在社会保障中，可以"多享受权利、少承担义务"，也可以"多承担义务、少享受权利"，这主要由社会保障对象的具体情况确定。社会保障在权利与义务上的这种既有联系又不对等的做法，主要还是与社会保障的出发点有关。社会保障是一种分配行为，它强调公平分配、共同富裕，社会保障正是通过对应原则，对国民收入进行再分配，同时调节社会收入不公和贫富不均，最终改善社会分配状况，从而促进社会和谐和人们的幸福。特别是对应原则，使大部分弱势群体的生存状况有所改善，众多国民在生活中分享到社会经济发展的成果。对应原则是社会保障特有功能的一种体现，也是均衡国民生活状况的一项重要措施。

（二）社会保障的功能

从社会保障产生与发展的历史来看，社会保障制度既是市场经济的产物，又是市场经济发展中的一项重要制度保证。社会保障制度为各国经济发展、社会稳定发挥了应有的功能和作用。其功能和作用表现在：

1. 稳定功能

社会保障的稳定功能，即社会保障的政治功能，是指社会保障依法对社会成员基本生活权利予以保障，它通过国民收入再分配调节人们的物质利益关系，从而发挥社会稳定机制作用。

社会作为一个系统，保持良性运行和协调是一种理想状态，事实上，社会运行有其自身的规律和特点，它不可能完全依照人们的理想设计来运行。任何社会都有一些不稳定因素存在，不论这些不稳定因素是低量度的还是高量度的，总会对社会稳定和发展产生一定的负面影响。特别是低量度的不稳定因素，如缺乏控制或控制不当，就有可能发展成为高量度的不稳定因素，从而造成社会震荡。在日常生活中，疾病、人口老龄化、自然灾害、失业、工伤事故的发生不以人的意志为转移，同时也属于低量度的不稳定因素。如果说一部分社会成员的基本生活需要都不能得到满足，国家不能在一定时空范围内妥善解决问题，社会就有可能因失调而出现动荡。为使社会稳定和谐发展，社会必须借助一定的手段去满足这些社会成员的基本需求。社会保障作为社会稳定机制的重要组成部分，在抑制社会冲突和社会动荡、解决社会问题等方面发挥着重要作用。

为社会成员提供各种社会保障的直接政治目的，是维护社会秩序，减少社会冲突，保证经济和社会生活正常运转。一个国家要长治久安和稳定发展，根本前提是使社会成员的基本物质生活获得保障。社会保障通过国民收入分配与再分配建立相对稳定的社会保障基金，以此给生活上承受重大困难的社会成员给予帮助，可以消除社会不安定因素，减少或避免社会动荡，达到稳定社会和促进社会安定的目的。因此，国外学者把社会保障誉为"精巧的社会稳定器""安全网"或"减震器"，它是社会稳定机制的重要组成部分。

2. 调节功能

现代社会保障作为国家实施的重要社会政策，是调节收入、缩小贫富差距、缓和社会矛盾的重要手段。市场经济强调给予每个社会成员公平参与竞争的机会，但绝不保证每一个竞争者都能胜出，由此不可避免地产生竞争中的弱者、失败者、贫困者。但是如果整个社会一味地两极分化，势必造成社会不安定。因此，需要对弱者、失败者等社会成员给予帮助和保护。其解决办法是：国家通过社会保障向社会弱势群体提供最基本的帮助，为无劳动能力者或老弱病残者提供相对公平和均等的机会，使暂时或永久丧失劳动能力者能够同其他人一样生活下去，缩小和有工作能力者的收入差距，产生相对公平感，弱化不稳定因素。社会保障制度帮助社会强化公平感，增强社会成员对失范行为的自我控制力和应对生活中突发事件的自我调节能力。

社会保障通过国家立法，以社会保障税和其他形式的税收将高收入者的一部分收入转移支付给低收入者，力求实现收入均等化。在市场经济中，主要的分配原则是效率优先原则，市场经济本身没有自发实现平等的机制，缓解这一矛盾的方法就是先按效率优先原则进行分配，再通过政府的收入政策来解决收入不公问题，在一定程度上实现收入分配平等化。主要的收入分配政策有两个：一是税收政策，主要是通过累进所得税制度来缩小收入差距，这是通过对富人征收重税来实现收入分配平等化；二是社会保障政策，就是通过为有困难的社会成员提供补助来实现收入分配平等化。实施各种形式的社会保险、制定最低工资标准、向失去工作能力者和失业人员发放一定标准的补助金，都有助于改善人们的生活条件。

社会保险基金的筹集、支付及投资活动，本身就是一种国民收入分配和再分配活动，它必然会对国民经济运行产生调节作用。社会保障制度的客观作用已经不仅体现在为人们提供基本生活保障上，它同时已经成为各国调节投融资和平衡经济的重要手段。

3. 补偿功能

社会保障的补偿功能，即社会保障的经济功能，是指劳动者和其他社会成员在因风险暂时或永久失去收入来源时，通过社会保障获得一定程度的经济补偿或物质帮助。社会保障的补偿功能主要体现在社会救助和社会保险两方面，其中社会保险尤为明显。将社会保障主体筹集起来的社会保障资金用于补偿部分社会成员的损失，其理论依据是保险的集众多的力量，分担个别意外的损失的原理。由于在一定时间内发生风险的成员总是少数，由社会各方和全体社会成员分担社会少数成员的损失、为发生风险的成员提供补偿就成为可能。保障公民基本生活是社会稳定和经济发展的前提，也是社会保障的核心功能。社会保障制度的建立，使劳动者的体力、智力劳动得到必要补偿，帮助解决劳动者因各种原因遇到的生活难题，保障人们的基本生活，消除后顾之忧，使人们专心致力于生产劳动，释放出更大的生产能量，从而推动社会生产发展和社会进步。

4. 促进经济和社会发展功能

社会保障能够为经济发展创造良好的经济条件并提供精神动力。第一，通过提供基本生活保障，社会成员不但有了生活上的保证，而且能力能够得到应有的培养和提高从而保证劳动力再生产过程延续。社会保障特别是养老、失业、生育和医疗、工伤等保障制度的建立，可以使全社会范围内的劳动力队伍更新换代制度化、正常化，保证劳动者的身体健康和劳动能力，从而为社会发展创造良好的经济条件。第二，社会保障有利于劳动力合理流动与配置。建立和完善社会保障体系的最终目标是建立覆盖全社会的统一的社会保障体系，从而保证劳动力资源合理配置。第三，社会保障基金长期积累和投资运营有助于完善资本市场。第四，劳动者有了社会保障，解除了后顾之忧，生产积极性得到激发，有助于劳动生产率提高和全社会经济增长。

社会保障制度的普遍推行，还有助于社会主义精神文明建设。社会保障是以互助共济为主要行为方式的制度，体现着社会成员之间互助、互济、合作的关系，其实质就是"我为人人，人人为我"。社会保障在横向上是各社会成员之间彼此互助互济，在纵向上则是不同年龄劳动者代际赡养和抚育，实现代际互助互济。这种互助互济有利于社会成员之间相互团结，有利于代际沟通，有利于社会体制、道德观念的维护和延续，可以促进社会成员、社会各阶层为共同利益而努力工作。这是先进道德观的体现，有利于协调人与人之间的社会关系，形成团结互助、同舟共济的良好社会风气。这为在更大范围内形成互助合作、同舟共济、关心集体、敬老爱幼、扶贫帮困等的社会风尚提供社会物质条件。劳动者参加社会保险，遵循权利与义务基本对等原则，是劳动者眼前利益与长远利益、个人利益与集体利益的统一，这对于增强劳动者的责任感、培养集体主义精神具有积极意义。此外，社会保障还具有为国家积累基金、融资等功能。随着社会保障制度的日益发展，其功能和作用还将不断被赋予新内容。

5.增进国民福利功能

社会保障的最初含义是"救贫"和"防贫"，即保证所有社会成员至少都能享有最低生活水平。随着经济发展和社会进步，社会保障的内容在不断扩充，现代社会保障不仅承担着"救贫"和"防贫"的责任，还要为全体社会成员提供更广泛的津贴、基础设施和公共服务，从而使社会成员尽可能地充分享受经济和社会发展成果，不断提高物质生活和精神生活质量。

第二节　社会保障制度

一、社会保障制度的构成及发展趋势

（一）社会保障制度的基本内容

社会保障制度涉及为基本生活发生困难或遭受伤病等的社会成员提供物质和医疗保障的立法、条例和规章制度，同时还涉及中央和地方、国家与企业（单位）、单位与个人、有关部门与社会保障管理机构之间在权利与义务及管理权限等方面的有关法规制度。

（二）社会保障制度的分类及共同特点

1.社会保障立法制度的类型

享受社会保障是社会成员应享有的一项重要权利。为了确保社会成员享有这项基本权利，一般都由国家立法，通过法律加以保证。社会保障立法有两种类型：一是国家统一立法，统一规定项目和待遇；二是国家分项立法，分项规定项目和待遇。许多国家对于某些体力和脑力劳动者，如公务人员、教师以及国有企业的职工，以单行法规建立保障制度。

2.社会保障方式的类型

①国外社会保障待遇一部分为自助性的保障待遇，即要由自己缴纳一部分保险费的保障待遇，通常称为"社会保险"；另一部分为赈济性的保障待遇，即国家资助的保障待遇，通常称为"社会援助"或"国家援助"。

②对受保人及其供养亲属提供经济保障，有两种方式：一种方式是以现金发给补助金，通常称为收入保障措施；另一种方式是提供服务，主要是安置住院、医疗及生活照顾等，通常称为实物及服务补助措施。两种方式，有时只能享受一种。

3. 社会保障制度的共同特点

各国的社会保障制度虽有差异和不同的特点，但归纳起来有以下一些共同点：

（1）实施范围普及

市场经济较发达的国家，其社会保障实施范围一般来说是广泛的，凡是劳动者不论其在哪一种所有制经济中劳动，也不管是城镇还是农村的劳动者，以及个体劳动者、自由职业者，以至全体社会成员均包括在社会保障的安全网之中。当然，这一普及过程也经历了较长时间。

（2）以国家为主体举办、采取立法手段强制建立

社会保障以国家为主体举办，不是完全由国家出资，除社会救济、社会福利主要由国家出资外，其余的社会保险基金主要由企业和个人缴纳。

（3）社会保障资金多渠道筹集

由国家举办法定的基本社会保险基金，除工伤保险外，多数国家实行个人、用人单位和政府三方共同负担，个人和单位缴纳的社会保险费大体上是各占50%，有的国家单位缴纳比例略高一点，有的国家个人缴纳部分略多一点。当企业（雇主）和雇员缴纳的社会保险基金收不抵支时才由政府予以补助，即所谓"政府最后出台"。

（4）多层次的社会保障制度

这主要是指社会保险中的养老保险和医疗保险。如养老保险制度，不少国家实行三个层次的制度：第一个层次是国家立法规定的低有保证、高有限额的强制性的基本保险；第二个层次是各种企业自定的企业年金保险；第三个层次是个人年金保险，有的叫"退休储蓄计划"。

（5）统一集中的管理体制

在管理上，一般是自上而下设立单独的管理机构，对社会保障或社会保险实行统一集中管理。这种单独的管理机构，可能是全面性的独立管理机构，实行自上而下的垂直领导，也可能隶属于中央某一个部门，接受部门监督。某些国家，在集中统一管理的前提下，地方也享有一定的管理权限。

二、社会保障法律制度

（一）社会保障法律制度的含义

社会保障法律制度是指由国家立法机关和行政机关制定的、用以调整社会保障关系、

规范社会保障行为的法律规范的总和。社会保障法律制度是一个国家法律体系的有机组成部分，它是由一个多层次的法律系统组成的。

（二）社会保障法律的特征

凡是依据社会政策制定的，用以保护某些特别需要扶助人群的生活安全，或用以促进社会成员福利的立法，便是社会保障法律。社会保障法律所具有的特征包括：

1. 社会性

社会性是社会保障法律的最基本特征。首先，社会保障对象具有普遍性。全体社会成员均是社会保障对象。随着经济社会的发展，社会保障项目不断增多，待遇不断提高。其次，社会保障责任和义务社会化。社会保障法律通过在国家、用人单位和公民个人之间合理分配保障责任和义务，共同筹措社会保障基金，分散社会成员生活风险，形成风险共担的社会保障机制，使人人得到保障。再次，社会保障法律直接涉及社会公共利益，具有社会公益性。社会保障法律对于社会成员中包括老年人、未成年人、残疾人、疾病患者等在内的弱者，提供社会关照与扶助。国家总是给予处于弱势的当事人一方以特别保护，这是社会保障法律的一个突出特点。在社会保障法律关系中，国家在兼顾劳资双方基本权益的同时，需要进行适当的干预。诸如工作时间，工资待遇，休息权，卫生与安全保障，雇用者应为劳动者缴纳工伤、失业、医疗、养老保险金等，不论劳动合同是否约定，用人单位都必须给予满足。

2. 义务在先、权利在后，权利不可继承

在社会保障法律关系尤其是有关社会保险的法律关系中，权利义务关系的形成需要一个过程，表现为"先义务、后权利"。一个退休工人领取养老金的数额和时间，需要根据他缴纳养老金的时间长短和数额多少来决定。不仅如此，法律还严格限定，只有在事先设定的法律事实出现后，权利人才能开始享受权利，即事实在先、权利在后。例如，享受工伤、医疗保险，权利人只有在工伤、疾病的事实确实已经发生后，才能得到救助和补偿。当然，社会救助法律关系和优抚法律关系不存在"先义务、后权利"，而由国家直接提供保障，只要设定的事实发生，保障和受保障的权利义务关系即成立。

社会保障法律的实现路径是依靠提供物质帮助的方式保护公民生命权。例如，对社会抚恤的规定，从表面上看，领取抚恤金的人与死者具有继承关系，但是，抚恤金不同于奖金，是国家和社会赋予死者近亲属的法定权利，而不是死者留下来的遗产，所以不存在继承。相反，正是因为领取抚恤金者是特定个人，对没有或不需要死者抚养的人来说，就不存在抚恤金问题。领取抚恤金，对受领者来说，是社会给予他的权利保障。

3. 特定的技术性

社会保障法律是采用法律手段集合社会力量保障社会安全。社会保障的运营，需要以数理计算为基础，涉及许多技术性规定。大数法则、平均法则等是其中最典型的代表。大数法则使危险分散到最低限度，费率降低到最低限度。

4. 实体法与程序法的统一体

社会保障法律的调整对象，是社会保障领域中的各种社会关系，它既规定了保障主体的权利与义务，也规定了保障法律关系正常运行的必要条件与程序。因此，各国的社会保障法律都不是单纯的实体法或程序法，而是两者兼备。

（三）社会保障法律关系

1. 社会保障法律关系的定义和特征

社会保障法律关系是指社会保障法律在调整社会保障关系过程中形成的社会保障主体之间的权利和义务关系。

社会保障法律关系具有的特征：

（1）社会保障法律关系只存在于特定的社会保障活动过程中

社会保障活动大致可以分为两类：一类是社会保障经办活动（主要是社会保险基金收支和营运活动）；另一类是社会保障行政管理活动。

（2）社会保障法律关系体现了较强的国家意志

在社会保障法律关系中，当事人必须按照法律预设的目的、标准和程序进行规范化操作和运行。

（3）社会保障法律关系具有明显的强制性

在社会保险、社会救助等法律关系中，法定的义务具有较明显的强制性，与商业保险法律关系和慈善捐助法律关系有着显著的区别。

（4）社会保障法律关系中的社会保障管理经营主体具有明显的主导性

作为行政机关的社会保障管理监督机构，行使行政职权，与行政对象发生行政管理和被管理的关系；而社会保障经办机构承担社会保障（主要是指社会保险具体业务）收支、管理和运营基金的责任，并承担使基金保值增值的责任，在与用人单位、受保人的关系中处于主导地位。

2. 社会保障法律关系的分类

社会保障法律关系可分为社会保障行政管理法律关系和社会保障经办法律关系两大类。

（1）社会保障行政管理法律关系

这一类社会保障法律关系是政府社会保障管理职能的体现。承担社会保障管理监督职责的中央和地方各级政府及其职能部门相互之间依法发生的行政管理法律关系，社会保障职能机关与行政对象（主要是用人单位和个人）依法发生的行政管理法律关系，均归入此类。

（2）社会保障经办法律关系

这一类法律关系是社会保障业务关系的体现。《社会保险法》规定了劳动者的社会保险和福利，其中也规定了社会保险基金经办机构、社会保险基金监督机构、用人单位和劳动者的权利和义务。社会保险基金经办机构与用人单位和劳动者之间的法律关系，以及社会保险基金经办机构依法管理、运营基金所产生的法律关系，即属此类。

3. 社会保障法律关系的要素

法律关系均由主体、内容和客体三要素构成，社会保障法律关系也是如此。

（1）社会保障法律关系的主体

社会保障法律关系的主体是指在社会保障活动中，依法享有权利、承担义务的当事人。在我国，社会保障法律关系的主体主要包括：

①国家

国家参与社会保障活动是世界各国的通例。国家财政是社会保障基金的重要来源。国家是社会保障事业的行政管理者和监督者，以及社会保障争议的裁决者。在社会救助、优待抚恤等方面，国家还是社会保障待遇的直接给付者。所以，国家是社会保障法律关系的当然主体。

②社会保障职能机构

社会保障职能机构包括社会保障行政主管部门、社会保障经办机构和专门设立的社会保障监督机构。它们是社会保障法律关系的重要主体。

③用人单位

《社会保险法》和《中华人民共和国劳动法》规定用人单位必须依法参加社会保险，缴纳社会保险费，并根据本单位的实际情况为劳动者建立补充保险。此外，用人单位还是劳动者应缴保险费的代缴人。

④社区组织

在社会救助、社会福利等多种场合，社区组织（村民委员会、居民委员会和福利机构等）参与社会保障活动。

⑤公民

公民是社会保障对象和社会保障待遇的享受者，也是社会保障费用缴纳义务人。

（2）社会保障法律关系的内容

社会保障法律关系的内容，是指社会保障法律关系主体依法享有的权利和承担的义务。

社会保障权利是指社会保障主体依法为某种行为或不为某种行为的可能性。它既表现为权利人自己为某种行为的可能性（如用人单位依法为劳动者建立补充保险），也可以表现为权利人可以要求义务人为一定行为或不为一定行为（如社会保险基金经办机构要求用人单位、劳动者缴纳保险费，社会保险基金监督机构要求有关机构和个人不得挪用社会保险基金），在权利受到侵犯时有权请求有关国家机关予以保护（如对逾期不缴纳社会保险费的单位，社会保险管理机构可以申请人民法院强制执行）。

社会保障义务是指社会保障主体依法为一定行为或不为一定行为的必要性。各社会保障主体的义务是法定的，并且各有各的义务。社会保险行政管理部门的主要职责是制定政策和规划，进行监督和指导；社会保险经办机构既承担收支、管理和运营基金的义务，又承担使基金保值增值的义务；用人单位和劳动者则承担缴纳社会保险费的义务。如果义务人不履行其义务，则将依法承担法律责任。如企业不依法缴纳社会保险费，应按日加收应缴数额一定比例的滞纳金。任何单位和个人挪用社会保险基金的，对主管人员和直接责任人员，根据情节轻重，给予行政处分；构成犯罪的，依法追究刑事责任。

社会保障法律关系多种多样，在不同的社会保障法律关系中，主体所享有的权利义务各不相同。在社会保障基金筹集关系中，公民个人是义务主体，而社会保障基金经办机构则是权利主体；在社会保障基金发放关系中，公民个人是权利主体，而社会保障基金经办机构则是义务主体。

（3）社会保障法律关系的客体

这里的客体是社会保障法律关系主体的权利和义务所共同指向的目标（对象）。社会保障法律关系的客体基本上分为两类：

①物

"物"指能为人们控制和利用的物质资料和充当一般等价物的货币。各国社会保障多数体现为"金钱给付"，社会保障权利义务主要指向一定数量的货币，但有时也直接体现为实物，如救助物资和福利用品等。

②行为

"行为"指主体为达到一定目的所进行的活动，基本上体现为各种社会服务，如为残疾人以及老年人、未成年人提供的各种福利服务，为待业者提供的就业训练，为妇女、未成年人提供的医疗保健服务等。

三、社会保障制度模式

（一）救助型社会保障制度

救助型社会保障制度是国家通过社会保障的有关措施保证每个社会成员在遇到各种风险事故时获得救助，使其不陷入贫困，并对已处于贫困的成员发给社会保障津贴，以维持其基本生活的社会保障制度。

这种模式是工业化开始前后所实行的单项或多项救助制度。目前这种模式主要在一些发展较为迟缓的非洲国家实行。按社会保障的标准来衡量，它是属于社会保障制度的初级的、不成熟和不完备的模式。

（二）保险型社会保障制度

保险型社会保障制度是强调社会保险在整个保障体系中居于中心地位的制度。保险型社会保障制度是由雇主和雇员定期缴纳社会保险费，不足部分由政府补贴，使投保者享受社会保险金的一种社会保险模式，又称强制投保型或"传统型"社会保障模式。保险型社会保障制度是在工业化取得一定成效、有雄厚经济基础的情况下实行的。其目标是国家为公民提供一系列的基本生活保障，使公民在面临失业、疾病、伤残、生育或死亡而需要特别支出的情况下得到经济补偿和保障。

（三）福利型社会保障制度

福利型社会保障制度是在经济较发达、整个社会物质生活水平大幅度提高的基础上实施的一种比较全面的保障模式，又称福利国家型社会保障制度。其目标是对于每个公民由生到死的一切生活及风险，诸如疾病、老年、生育、死亡、灾害，以及鳏、寡、孤、独、残疾人都给予安全保障。

（四）国家保障型社会保障制度

国家保障型社会保障制度是社会主义国家以公有制为基础的属于国家保障性质的社会保障模式，又称政府统包型社会保障制度。其宗旨是"最充分地满足无劳动能力者的需要，保护劳动者的健康并维持其工作能力"。它曾经为巩固社会主义制度以及保障国民的主人翁地位和基本生活需要发挥过重要作用。

（五）自助型社会保障制度

自助型社会保障制度是一种由个人缴纳保险费的社会保障制度，它是以自助为主、以促进经济发展为目标的保障模式，又称强制储蓄型社会保障制度。目前，世界上有新加坡、智利、马来西亚等国家推行相似的制度。

四、社会保障体系

（一）社会保障体系的含义

社会保障体系是指国家通过立法对社会成员给予物质帮助所采取的各种相互独立而又相互联系的社会保障子系统的总和。也就是说，社会保障体系是由各项社会保障子系统所构成的整体。世界各国都从本国国情出发建立了各有特色的社会保障体系，但各国的社会保障体系结构仍然有其共性。现代社会保障体系一般由社会救助、社会保险和社会福利构成，它们的地位和作用各不相同；此外，一些国家还把社会互助保险、个人储蓄积累保险以及商业保险等作为社会保障的补充，归入社会保障体系。社会保障体系随着社会进步、经济发展以及各国国情和政治方针的变化不断地发展变化。

（二）社会保障体系的特征

由于各国的社会经济文化、生活水平、居民需求和传统习惯不同，其社会保障体系的内容和项目、保障范围和受益程度也不尽相同，各有特点。但是，不论是发达国家还是发展中国家，其社会保障体系结构都有如下共同的特征：

1. 层次性

（1）社会保险是社会保障体系的核心层次

社会保险是预防现实风险的直接保障项目，社会保险对象主要是社会成员中的劳动者，具体讲就是工薪阶层。在经济发达国家，工薪阶层连同其家属在人口群体中占有很大比重，社会保险对劳动者来说是经济上的第一道防护措施。在中国，社会保险也是面向工薪劳动者的，同样在社会保障体系中处于核心层次。

（2）社会救助是社会保障的辅助层次

社会救助是社会保障体系的最后一道防线。社会保险不能完全涵盖所有社会成员，如无收入、无生活来源、无家庭依靠并失去工作能力者，生活在国家的"贫困线"以下和生活在最低生活标准以下的家庭或个人，以及遭受自然灾害和不幸事故者，都需要通过社会救助，达到社会保障的最低目标。

（3）社会福利是社会保障体系的最高层次

由于各国的经济发展水平及基本国情不同，其社会福利内容差异很大，但从社会福利在社会保障体系中的地位来看，都属于增进国民福利、改善国民物质及其他生活条件的社会保障事业，是最高层次的社会保障。

2. 完整性

社会保障体系是一个完整的体系。从社会保障体系来看，社会救助面向贫困阶层；社会保险面向工薪阶层；社会福利覆盖面最广，公共福利面向全体公民，职工福利面向企业、行政事业单位职工；优抚安置面向军人及其家属。从总体上看，目前我国已经形成了比较完整的社会保障体系，具备了社会保障的完整性特征。

3. 法制性

一般来讲，各国都制定了社会保障相关的法律法规，即把社会保障实施范围与对象、享受保障基本条件、资金来源、支付标准、管理办法，以及社会保障运行中国家、单位、个人三方面的责任、权利和义务等都以法律法规的形式确定下来，这就使社会保障的各项制度及其实施过程都有法可依，使社会保障具有明显的法制性特征。

4. 社会性

社会保障体系的社会性特征，体现为社会保障体系的总体具有普遍性，除社会救助范围有限、社会优抚针对特定阶层外，社会保险和社会福利涵盖了全体社会成员。就社会保障的性质来看，各项保障均具有社会属性。在现代市场经济国家，社会保障体系的发展与完善，是政府为了弥补市场机制的缺陷而建立的一项社会性系统工程，是发展市场经济的重要外部条件。所以，社会性是社会保障体系的重要特征。

5. 福利性

社会保障体系的福利性特征，表现为社会保障体系各环节一般都不以营利为目的，从广义上讲都属于福利性的社会事业。政府不仅对被救助、保险、优抚及享有福利者给予资金给付，而且还提供医疗护理、伤残康复、教育培训、职业介绍以及各种社会服务。同时，社会保障项目一般由政府机关管理，有些项目直接由国家财政预算开支，享受者普遍受益。所以，社会保障体系一般具有福利性特征。

（三）中国社会保障体系构建的原则

1. 坚持与国民经济发展水平以及各方面承受能力相适应的原则

社会保障必须从国情出发，保障人民的基本生活需要，需要与国民经济发展水平以及各方面承受能力相适应。从综合国力上看，我国是一个名副其实的大国，是国际上不可忽视的一支重要力量。所以，在建立和完善社会保障体系的过程中，必须充分考虑生产力发展水平及各方面的承受力，充分考虑不同地区、不同类型的劳动者关系，一切从实际出发，实施不同的社会保障项目，把包括社会保险、社会救济、社会福利、优抚安置和社会互助、个人储蓄积累等在内的多层次社会保障体系的各个环节有机协调起来，优势互补，各展其长，以更好地发挥社会保障作用。

2. 坚持在发展生产基础上逐步扩大保障范围的原则

我国要建立和完善社会保障体系，按照公平性和统一性原则，就必须进一步做好我国社会保障体系的构建规划工作，建立起衔接城乡的统一的社会保障体系。随着经济体制改革和市场经济的深入发展，我国社会保障需要向普遍化方向发展，社会保障项目要扩大覆盖面，惠及包括农民在内的全体人民，使全体人民都享受到社会经济发展的成果，使社会保障逐步实现全民化。

3. 坚持国家性与法制性统一的原则

现代社会保障体系的产生与发展、组织与实行，都是由国家在政治上、经济上给予支持。各项社会保障制度的推出是通过国家专门机构实现的；社会保障体系各环节都要按照国家既定政策付诸实施；社会保障体系各方面和各环节的资金都离不开国家财政的支持；

社会保障体系各方面和各环节在一国之内总是由国家统一管理等。这些都说明社会保障体系具有国家性。社会保障的法制性原则表现为各项社会保障制度的制定、实施都要通过立法程序来进行。显然，立法也是由国家权力机关进行的，从而使社会保障体系的国家性与法制性密切结合在一起。

4. 坚持公平与效率相结合的原则

社会保障体系的公平原则，从总体上讲就是通过社会保障的给付，使人们的生活差距有所缩小，使失去生活来源者、遭遇不幸者及特殊阶层得到一定的生活保障。作为社会保障体系的核心部分的社会保险，使暂时或永远失去劳动能力或虽有劳动能力但无工作岗位的失业者也能获得补偿收入，这就使在业者与暂不在业或永久失去工作的劳动者在收入和生活上不致出现过大的差距，并尽可能缩小差距，比较普遍地体现了公平原则。社会保障体系的效率原则是指范围对象合理、给付标准合理的社会保障，有助于经济效率的提高，因为它能够调动劳动者的积极性，并为生产力发展创造一个良好的社会环境，有利于经济稳定协调发展。社会保障体系本身体现公平与效率统一的原则，从总体上讲是把公平看成手段，把效率作为目的，二者在客观上不可分割。从不同保障项目看，有的主要体现公平，如社会救助，有的则侧重于效率，如社会保险，或者说社会保险体现为效率优先，兼顾公平。

5. 坚持补偿性与福利性统一的原则

从总体上讲，社会保障体系都带有福利性：社会福利是一项普遍福利，社会优抚是一项特定福利，即便是社会救助和社会保险，除去给予被救助者和被保险者以资金和物质的救助和补偿外，还通过其他机构给予他们各种各样的服务，这些都表明社会保障体系具有明显的福利性。一般来讲，社会保障体系的补偿性原则具体体现为：社会救助的补助性原则；社会保险的收入补偿性原则；社会福利从另一个角度讲，实际上是国民的一项普遍性补助，是劳动者的"第二工资"；社会优抚体现为国家对军人及其家属的一定数量补偿。所以，补偿性原则也是社会保障体系的普遍性原则。因此，在社会保障体系全面运行过程中，必须坚持补偿性与福利性统一的原则。

6. 兼顾国家、单位、个人三者利益，坚持权利与义务相对应的原则

在我国社会保障建立之初，社会保障基金主要来源于国家和单位，个人负担比例很小。社会保障基本上是人们的一种权利。但是，随着社会保障对象范围的逐步扩大，以及社会保障水平的提高，国家财政对社会保障支出难以支撑，单位负担沉重不堪，单纯依靠国家和单位缴纳费用来推行社会保障遇到了阻力。因此，新的社会保障体系吸收国外国家强调个人责任的经验，明确权利和义务有机结合，兼顾国家、单位和个人的利益，合理划分政府与单位、个人之间的责任边界，实现政府与市场职能的合理分工，该由政府承担的责任不能回避，同时避免政府包揽过多。

7. 坚持目标兼顾原则

社会保障制度建设必须兼顾社会目标、经济目标和政治目标，兼顾长期目标和短期目标。合理的制度设计要尽可能在不同目标间实现平衡，着力避免过分注重单一目标而忽视其他目标或不断在各种目标间摇摆的倾向。

第三节　社会保障的运行机制

一、社会保障的运行与实施

（一）运行机制的一般理论

考虑到社会保障法制、管理、实施与监控都是社会保障宏观运行机制中的重要环节，阐述社会保障运行机制的一般理论需要将上述诸环节视为一个整体。

1. 运行机制的公理

作为系统工程，社会保障的宏观运行机制应当符合下列公理：

（1）整体性公理

整体性公理即社会保障运行的诸环节、诸要素及所采用的手段与方法必须是一个有机的整体，而不是简单的、机械的集合，它也由多个要素或系统组成，但各要素或系统仅仅作为整体的一个特定部分而存在，并且在整体系统中才能发挥出应有的作用。如社会保障项目的实施离不开法制的规范与约束，反之，法制的规范与约束若不能得到贯彻实施便如同一纸空文，等等。

（2）层次性公理

层次性公理即社会保障的运行具有多层次性，如从法制规范到具体实施，从中央到地方，从政府到民间，等等，每一层次都有其特定的任务和运行范围。任何违背层次性规律的做法，都会损害整个社会保障制度的正常运行和健康发展。

（3）稳定性公理

稳定性公理即社会保障运行机制应当具有结构稳定性，运行过程中相关要素的组合及其相互作用的形式和相互联系的规则是既定且不可紊乱的。一旦相关要素的组合等发生紊乱，则必然导致社会保障运行过程中的特定秩序发生混乱，进而出现摩擦与对抗，并损害社会保障制度的正常发展。如社会保障制度在实施过程中，必须实现区域服务定点稳定、实施内容稳定和服务对象稳定。

（4）协调性公理

协调性公理即社会保障运行机制中的诸要素应当相互协调，如果不能协调，就可能因相关要素的反作用力导致运行过程的非正常现象。如法规、政策的规范违背了社会保障制度实施过程中的民意，或社会保障制度在运行过程中违背了法规、政策的规范，或不服从政府的管理，等等，均会对社会保障造成直接的、严重的后果。

2. 运行机制的目标与宏观结构

从社会保障制度可持续发展的角度出发，社会保障宏观运行机制的构建目标应当是科学、合理、高效与协调。具体而言，这一目标又包括以下四个子目标：

（1）社会保障运行机制必须科学、合理

一方面，在构建社会保障运行机制时，应当使运行机制中的各系统、各层级的构架既能够满足社会保障正常运行的需要，又能够实现相互制衡、相互推进的目标；另一方面，运行机制的构建既要避免因对旧的运行机制的摒弃而产生巨大的社会震荡，又必须实现对传统运行机制的创新，即能够适应社会保障制度持续发展的内在要求。换言之，在尽可能减少震荡的同时促使社会保障运行机制走向科学化、合理化。

（2）社会保障运行机制必须实现一体化

社会保障运行机制应当坚持立法、管理与实施等相互分离又相互制约的原则，但在分离与制约的同时还应当实现运行机制一体化，即运行机制中的各系统能够共同构成一个紧密相关、协调运转的大系统。在这个大系统中，各系统具有相对独立性，但这种独立性只是分工负责、明确职责的需要，它们的目标完全一致，只不过是手段有别，在运行中是一个不可分割的整体，任何一方离开了另外一方，都将导致整个社会保障体系不能正常运行。因此，社会保障运行机制中的诸环节应当既是分工明确，又是不可分割的。

（3）社会保障运行机制必须高效、经济、灵敏

它包括：一是社会保障运行机制必须追求高效率，即能够做到法制规范具体、管理政令畅通、实施环节简单、实施效果良好；二是社会保障运行机制必须符合经济原则，即杜绝由运行机构的庞大或非正常而导致对社会保障基金的侵蚀，以及运行环节中的缺漏导致的基金流失，尽可能地做到维护社会保障基金的安全并实现保值增值；三是整个运行机制应当反应灵敏，能够对运行中的非正常状态迅速做出反应，并及时采取有效的措施来防止、控制非正常事件的发生。

（二）实施系统

社会保障项目的实施，是整个社会保障制度运行过程的核心环节，这一环节既要接受社会保障法规制度和政府管理机关的约束，又直接面向各社会保障项目覆盖范围内的全体社会成员，还需要接受各方的监督。因此，构建高效、合理的社会保障实施系统，往往是

社会保障制度能否最终获得预期效果的关键。

1. 构建原则

（1）官民结合

在世界上只有由政府负责的社会保障制度，而没有包办一切社会保障事务的政府。中国在计划经济时代虽然由国家充当保障全民福利的责任主体，实施过程却是由众多的企业、乡村基层组织经办绝大多数社会保障事务，官方系统仅有民政、卫生等少数政府职能部门承担着救灾救济、军人抚恤、公费医疗等社会保障实施责任，且依然需要依靠基层组织才能顺利实施。在此，企业与乡村基层组织，即使是国有企业与政府直接控制的乡村基层组织，在性质上显然也不能等同于政府。在市场经济条件下，政府通常以追求效率为目标，"小政府、大社会"被认为是一种理想的社会格局，从而使得让民间承担更多、更大的社会责任与社会事务成为一种优良的选择。

（2）统放有度

在社会保障体系中，有些社会保障项目是必须统一实施才能确保其实施效果的，政府对此不能推卸自己的责任，而是应当作为直接责任主体，按照统一机构、统一内容、统一标准、统一时间的要求来实施。而另一些不需要统一实施也能实现其保障效果的项目，则可以在法律、法规、政策的原则规范下放开实施。如在社会保险制度中，养老保险、失业保险等不仅需要强制统一实施，而且需要实现全国统一化，医疗保险则可以放开由地方负责实施并在医疗服务环节让医疗机构相互竞争；制度安排中的社会救助事务必须由官方或公营机构统一实施，而非制度安排的社会救助事务应当完全放手由各社团机构或慈善组织按照自主、自治的原则来实施。

（3）追求效率

社会保障以创造和维护社会公平为基本宗旨，但在实施过程中同样需要特别关注效率，不考虑效率的社会保障制度不仅是不可持续发展的社会保障制度，而且会产生严重的不良后果。因此，社会保障实施系统的构建，必须充分考虑运行成本的大小和运行效率的高低，防止实施成本过大而侵蚀社会保障基金或给政府财政带来新的压力，同时还必须杜绝实施过程中的官僚主义和渎职行为。以较低的运行成本争取尽可能高的运行效率，应当成为构建社会保障实施系统的基本原则和评价其良性与否的重要指标。

2. 实施机构

作为社会保障项目的具体执行者，社会保障实施机构依照社会保障法律制度和相关社会政策的规范，承担着经办各种社会保障事务的职责。在一个健全的社会里，担负社会保障项目实施任务的往往既有官方系统的官营机构与公营机构，也有非官方系统的民营机构，还有一些介于官方系统与非官方系统之间的半自治机构，它们的合理组合是社会保障实施系统高效运作的基本条件。

（1）官营或公营机构

传统意义上的社会保障，通常是由政府充当直接责任主体，也是由官营或公营机构负责实施的，迄今许多国家的社会保障事务仍然依靠官营或公营系统来组织实施。它主要有两种形式：一是政府社会保障管理部门直接经办有关社会保障事务，一般表现为上管下办模式；二是在政府社会保障管理部门之外另行设置独立的社会保障实施系统专门经办有关社会保障事务，一般表现为管办分离模式。

（2）民营机构

民营机构介入社会保障的方式有两种：一是接受政府委托经办有关社会保障事务；二是自主组织实施有关社会保障事务。第一种方式是纯粹的经办机构，它完全按委托机构——社会保障管理机构的意志行事，如银行代发养老金时就没有自作主张的权利。第二种方式则与政府不存在管理与被管理的关系，而是作为社会力量，以独立法人的地位开展有关社会保障工作，属于自管自办型，当然，政府职能部门往往可能起监督作用。在社会保障领域，民营机构介入较多的是社会福利事务，社会救助与社会保险领域亦有民营机构介入，它们多是提供相关的福利或公益服务，提供现金与实物援助的较少。一般而言，民营机构多以具备独立法人资格的社会公益事业团体面孔出现，慈善团体是比较典型的自治性社会保障实施机构。

（3）半官方机构

除官方系统与民营系统外，在社会保障领域，许多国家实际上还活跃着一部分既具有部分官方色彩又具有民营特征双重身份的实施机构，它们与政府或政府职能部门保持着特殊的关系，或由法律、法规等赋予其部分官方职能，但在业务范围内又完全独立自主地开展社会保障工作。

（三）项目实施

社会保障项目的实施，是最终落实国家社会保障政策和实现国民社会保障权益的环节，它作为一个工作过程，直接面对着城乡居民家庭和亿万国民。对国民而言，享受社会保障权益的直接表现就是在社会保障项目实施过程中能够获得法律、法规与政策规定的社会保障待遇，因此，特别强调项目在实施过程中规范操作、有序运行和公开化。

1. 实施社会保障项目需要具备的基本条件

它包括四方面。一是完备的法制规范。因为在项目实施过程中，除民营机构自主开办的社会性保障事务外，属于国家制度安排范畴内的社会保障项目，其具体内容均是由相应法律来规范的，社会保障实施机构扮演的应当且只能是社会保障法律制度执行者的角色，从而要求有完备的法律制度作为可供操作的具体依据。二是合理的管理体制。实施机构实施社会保障项目虽然以相关法律制度为依据，但实践中往往表现为根据管理系统的具体要求运行，不合理的管理体制必然带来实施系统的低效率运行，合理的管理体制则可以有效地提升实施系统的效率。三是监督条件。需要有独立的监督系统来促使实施机构正常运行，并纠察其偏差与失误。四是垄断经办。社会保障属于公共领域，它原则上不适用市场机制，尽管某些项目或其实施过程中的某个环节可以通过引进市场竞争机制来达到提高效率的目的，但绝大多数社会保障项目要求垄断经办，以保障待遇提供者与受益对象之间的关系长期稳定化、公开化，因此，属于制度安排范畴的社会保障项目的实施均只能采取强制实施、专门机构垄断经办的办法，即使是民营社会性保障事业，亦需要接受政府的统筹规划，以避免因分布不合理及无谓的竞争而导致付出不必要的代价。

2. 实施社会保障项目的基本程序

按程序办事是实施社会保障项目的基本要求，而程序公正又是其基础，因此，任何社会保障项目的实施，均需要由管理者事先制定出规范的程序，实施机构必须不折不扣地按程序操作。不过，不同社会保障项目的实施程序是有区别的。社会保险项目的实施，一般包括如下程序：一是检查规定范围内的单位与劳动者是否已全部参加了社会保险；二是征收并检查用人单位和劳动者个人应当缴纳的社会保险费；三是记录并保存参保单位和受保劳动者的有关情况，作为支付相应社会保险待遇的依据；四是审核受保者对社会保险待遇提出的申请；五是根据规定的条件和确定的标准，支付相应的社会保险待遇，或委托社会机构如银行等发放。民营机构实施社会保障项目的程序则包括：一是筹集可供开展社会保障项目的资金；二是接受并审查有需要者的申请；三是在调查核实的基础上确定受助对象；四是提供服务援助或款物援助。

3. 实施社会保障项目的手段

实施手段的科学与否，直接决定着社会保障实施系统的效率。除强制实施手段外，尤其需要注重吸收现代科技成果，如运用电子计算机管理社会保障资料尤其是受益对象资料，实行社会保障号码制，建立灵敏的信息反馈系统等，均已成为必要的手段。即使是在项目实施过程的某些具体环节，亦应尽可能地采取方便居民的服务手段，如银行在发放养老金时设置自动提款机，医疗费用等的结算可以实施"代卡制"，等等。

二、社会保障的监控机制

（一）建立监控机制的必要性

1. 社会成员的社会保障权益维护的需要

社会保障是法定制度，是社会成员享有的法定权益，但在各项社会保障制度的具体实施中，各种因素的影响可能导致社会成员的权益受到损害。如一些企业或用人单位不惜虚报职工工资水平报表，以便通过账面工资数低于职工的实际工资数的方式，换取少缴社会保险费的实惠；再如社会保障机构中可能存在的官僚主义或不负责任的行为，导致需要社会帮助的社会成员得不到社会保障制度的帮助；等等。这些都无疑会使社会成员的合法权益受到损害。对此，就需要有权威的、健全的社会保障监控机制，并通过其监督、纠察，使社会成员的合法权益得到维护。

2. 社会保障运行中的非正常状态调试的需要

一方面，社会保障在运行中可能出现非正常状态，尤其是在传统社会保障制度未消失、新的制度又未确立的转轨时期，更容易出现非正常状态。例如，一些地方不断出现随便调用社会保险基金并导致部分基金流失的事件，就是社会保险运行非正常的显著表现；一些企业不按规定缴纳社会保险费，灾害救助和贫困救助中的平均主义、优亲厚友现象，均是非正常状态；政府部门擅自越权干预法定的社会保障行为，也是非正常状态；等等。这种情况与社会保障的基本原则是相背离的，也是与社会保障追求公平而不是平均主义、是机会均等而不是待遇差别、是个人权利而不是少数人的施惠行动的目标相背离的。另一方面，非正常状态仅仅依靠社会保障管理系统或实施系统又是很难纠正的，因为自我纠正既要受到当事者权威不足的局限，又特别需要有高度自觉的负责精神，而这两点是管理系统与实施系统无法完全做到的。因此，只有在管理系统与实施系统之外，再建立起健全、权威的监控机制，才能真正纠正社会保障运行中的非正常状态，并确保整个社会保障制度的运行正常化、良性化。

（二）监控机制的运行原则

建立社会保障监控机制的目的，是确保社会保障制度实现良性运行与可持续发展。社会保障监控机构的健全，将促使整个社会保障制度得到健康、正常的发展，即使实施过程中有失误，也会得到及时的纠正，从而不会造成整个运行机制的紊乱与危机的发生；但社会保障监控机构的非正常运行，如越权行事或形同虚设等，则必然无助于整个运行过程的正常化，有时甚至会起反作用，助长社会保障制度的非正常运行。因此，社会保障监控机制的运行应当遵循以下原则：

1. 依法运行

建立监控机制，不是要介入社会保障制度管理或实施过程中的具体事务，而是通过定期或不定期的检查来行使监控职责，这种职责的设定，通常由国家的社会保障法律制度或其他相关法律制度规范，即社会保障监控机构承担什么样的职责不是由监控机构自身决定的，而是由法律制度决定的。因此，在监控系统的运行中，必须依法行使监督职能，它包括两层含义：一是社会保障监控机构只能在法律规范的范围内行使职权，而不能越权行事；二是社会保障监控机构必须行使法律制度赋予的职责，而不能不负责任。越权行事会破坏社会保障运行机制的正常秩序，不负责任同样会使社会保障运行陷入非正常状态而难以自拔。因此，依法运行是社会保障监控机构运行中的首要原则。

2. 运行有序，行为规范

它包括：一是社会保障监控机构需要按照一定的程序办事；二是不同的社会保障监控机构在行使监控权的同时，需要严格按照各自的职责规范运行；三是在发现社会保障管理或实施中的问题时，需要严格按照规范的手段进行监察和纠正；四是与社会保障管理系统、实施系统配合协调。运行有序、行为规范是社会保障监控机制运行机制正常化的基本前提条件。

3. 多重化与权威化

社会保障内容庞杂、涉及面极广，从国内外的社会保障制度发展实践来看，任何国家都不可能由一个机构来行使监控职责，因此，构建多重化的监控机制是社会保障制度的内在要求；同时，对社会保障制度的运行进行监控的目的是保证社会保障制度的运行正常、纠察失误、预警危机，这就需要监控机构具有权威性。多重化是促使社会保障监控机制结构严密的需要，权威化则是促使社会保障监控机制行为有效化的需要。

第八章 社会救助工作

第一节 社会救助与体系的基本内容

一、社会救助概述

现代社会救助源于历史上的慈善事业，不过，它虽然仍以救灾济贫为己任，但已不同于历史上具有浓厚的恩赐、怜悯色彩的慈善救济活动，而是一种通过立法规范并制度化的社会政策；它与其他社会制度一样，都是立足于社会公平基础之上并以保障国民生活权益、促进社会发展为宗旨的制度安排。

（一）社会救助的含义及特征

1. 社会救助的含义

社会救助是指当社会成员陷入生存危机或不能维持最低限度的生活水平时，由国家和社会按照法定的标准向其提供满足最低生活需求的物质援助和非物质援助的社会保障制度。在中国，社会救助与社会救济有大致相同的含义，但社会救助包括了物质救助和非物质救助两方面的含义，且主要是指物质方面的救助。

社会救助亦称社会救济，是国家通过国民收入的再分配，对因自然灾害或其他经济、社会原因而无法维持最低生活水平的社会成员给予救助，以保障其最低生活水平的制度。按照较为普遍的看法，社会救助是解决群众生活困难最古老的措施，也是现代社会保障体系中最基本的项目，它与社会保险、社会福利一同构成了现代社会保障制度。其中，社会保险是社会保障体系的核心部分，社会福利是社会保障的最高层次，社会救助是社会保障的最后一道防线。虽然社会救助不像社会保险那样是社会保障体系中的核心部分，但它救助的对象是社会保险这道安全网保护不了的人群。社会保险是需要缴费的，而无收入和低收入的人是没有能力缴费的，所以还需要社会救助；况且，如果这些人得不到安全保障，那么他们也会危及整个社会的安定。因此，社会保障可以暂时没有社会福利，或者暂时没有社会保险，但不能没有保障社会安全的"最后一道防线"社会救助，古今中外概莫如此。

在现代社会中，享受社会救助是社会成员的一项基本权利，提供社会救助是国家和社会应尽的职责和义务，两者都通过法律制度加以确定和规范。

2.社会救助的特征

（1）权利义务的单向性

社会救助只强调国家和社会对社会成员的责任和义务；社会成员有享受社会救助的权利，并不需要承担相应的义务。

（2）基金的无偿性

社会救助基金一般由政府财政拨付，社会成员不用缴纳任何费用。

（3）对象的限制性

对象的限制性即社会救助对象由法律加以规定，只有符合条件且真正陷入生活困境的社会成员才有资格享受救助。

（4）目标的低层次性

社会救助的目标是应对灾害和克服贫困，而非改善或提高福利及生活质量，社会救助处于现代社会保障体系的最低或最基本层次。

（5）手段的多样性

社会救助既可采用实物救助，又可采取现金救助；既有临时应急救助，又有长期固定救助；既有官方救助，又有民间救助。社会救助手段的多样性是使社会成员得到救助的关键。

（二）社会救助标准的确定

1.社会救助标准的含义

社会救助标准是指贫困线标准或者最低生活保障标准。由于各国的经济发展水平和居民的生活水平不同，社会救助的标准有较大差异。按照国际惯例，衡量贫困状况的标志是贫困线，或称为"最低生活保障线"。

贫困有绝对贫困和相对贫困之分。绝对贫困是指低于当地居民所必需的最低标准的生活状态，一般缺乏维持生存所需的基本物质条件，即衣食住行等基本物质条件不能得到满足。处于绝对贫困状态的人多数是老、病、残、孤、寡、独以及长期无工可做的失业者。相对贫困是指远落后于社会平均水平的贫困，即一个人、一个家庭或一个群体的生活水平比其所在社区的中等生活水平低，并且经常缺乏某些必需的生活资料或服务设施。其主要表现是贫困者的生活属于最低水平，即勉强度日，不能享受所谓"像样的、体面的"生活和满足现代社会条件的基本需求。

2.社会救助标准的确定方法

社会救助标准即贫困线，国际上主要有四种常用的度量方法，即预算标准法、恩格尔系数法、国际贫困标准和生活形态法。

（1）预算标准法

预算标准法即一般所说的"市场菜篮子法"。它首先要求确定一张生活必需品的清单，内容包括维持社会认定的最起码生活水准必需品的种类和数量，然后根据市场价格来计算拥有这些生活必需品需要多少现金，以此来确定的现金金额就是贫困线，也就是最低生活保障线。

（2）国际贫困标准

以一个国家或地区社会中等收入或平均收入的百分之五之十至百分之六十作为这个国家或地区的贫困线，即最低生活保障线。

（3）生活形态法

生活形态法也称"剥夺指标法"。它首先是从人们的生活方式、消费行为等"生活形态"入手，提出一系列有关贫困家庭生活形态的问题，让被调查者回答，然后选择若干"剥夺指标"，再根据这些剥夺指标和被调查者的实际情况计算出"贫困门槛"，从而确定哪些人属于贫困者，然后再根据他们被剥夺的需求和收入来求出贫困线，即最低生活保障线。

通常，社会救助标准以最低生活保障线为参照标准，其根据一定时期的经济发展水平和物价水平等加以确定。

三、我国社会救助体系的内容

（一）最低生活保障制度

最低生活保障制度是20世纪90年代以后实行的新制度，主要通过保障贫困居民的最低收入来促使其恢复正常生活，并且使贫困居民有较大的自主选择权。目前它的实施对象主要是一些城镇下岗职工、低收入的离退休职工及家属，还有一些农村地区也开始实行这一制度。最低生活保障制度是按照维持居民基本生活所必需的衣食、住费用，适当考虑水电燃煤（燃气）费用以及未成年人的义务教育费用确定低保标准，并根据经济社会发展水平和财政承受能力，随着生活必需品价格变化和人民生活水平的提高，适时调整低保标准。使城市低保标准与最低工资、失业保险金等社会保障相关标准有机衔接。

最低生活保障制度具有长期性、固定性的特点，而特殊制度则具有即时性与相对不稳定性的特点。

（二）专项救助政策

失业救济制度是随着改革开放突显出来的社会救助特殊制度项目之一。它与失业保险制度紧密连接，主要针对那些出于各种原因而暂时失去职业的劳动者。

1.医疗救助制度

医疗救助制度是指对贫困人口中因病而无经济能力进行治疗的群体实施专项帮助和支

持的一种社会救助。其特点是在政府主导下，社会广泛参与，通过医疗机构实施，旨在恢复受助对象的健康。

2. 教育救助

教育救助是指国家和社会为保障适龄人口获得接受教育的公平机会而对贫困地区和贫困家庭的子女提供物质帮助的一种社会救助。其包括对义务教育阶段贫困家庭子女杂费和教科书费的减免政策、低收入家庭子女接受高中或中等职业教育的教育救助政策、高等学校教育救助政策等。

3. 住房救助

住房救助是指政府向低收入家庭和其他需要保障的特殊家庭提供帮助的一种社会救助。

住房救助主要通过配租公共租赁住房、发放低收入住房困难家庭租赁补贴、农村危房改造等方式实施。根据国家相关规定，住房救助要充分考虑救助对象经济条件差、住房支付能力不足的客观条件。对城镇住房救助对象，要优先配租公共租赁住房或发放低收入住房困难家庭租赁补贴，其中对配租公共租赁住房的，应给予租金减免，确保其租房支出可负担。对农村住房救助对象，应优先纳入当地农村危房改造计划，优先实施改造。

4. 灾害救助

灾害救助是指社会成员在遭受自然灾害袭击而造成生活困难时，由国家和社会紧急提供援助的一项社会救助。其包括灾情信息管理、救灾物资储备管理、灾民救助卡管理制度、灾民救助工作预案实施和灾民受损情况专家评估机制等工作内容。灾害救助的实施能够提高对突发公共事件的应急救助能力，确保灾民得到及时有效的安置，保障其衣、食、住等基本生活条件。灾害救助制度是社会救助体系中特殊制度的一种，虽然世界各国大多已不把这项内容列为社会保障体制中的救助项目，但它在我国作为社会救助制度的传统项目被延续下来。

5. 司法援助

司法援助是指国家在司法制度运行过程中对因贫困及其他原因导致的难以通过一般意义上的法律手段保障自身基本社会权利的社会成员，通过减免收费、提供法律帮助等实现其司法权益的一项社会救助。各级司法行政机关和法律援助机构根据区县民政部门颁发的有关救助证明，及时为申请人办理法律援助手续。

（三）临时救助

临时救助即应急救助机制，每年年初按一定比例从城乡低保家庭中随机抽样，实施低收入家庭全年收支数据跟踪调查，制订实施城市低收入家庭生活救助应急预案。在基本生活消费品价格指数上涨幅度较大并持续一定时间，导致低收入家庭生活水平出现明显下降时，及时启动应急救助预案予以救助，待物价稳定后，再按照规定程序调整城市低保标准。

（四）军人救助

军人救助是一种社会救助式的优抚保障形式，是指由政府对退役人员或现役人员及其家属提供救济和帮助。我国对优抚对象，特别是农村的退伍军人及现役人员及其家属实行救助性措施，如定期补助、临时性补助、可优先得到发展生产的资金贷款及物资等。近年来，军人救助制度不断完善，救助体系逐步健全。十九大报告提出，组建退役军人管理保障机构，维护军人军属合法权益，让军人成为全社会尊崇的职业。中国退役军人事务部的成立，使军人军属的合法权益得到了更好的保障，体现了党中央和国家对广大退役军人的关注，有利于从根本上解决退役军人问题，对现役军人也将产生激励，具有里程碑意义。

（五）社会互助和社会服务

社会互助和社会服务是指有针对性地对困难群众进行扶持和帮助。今后，应按照"政府推动、民间运作、社会参与"的工作原则，积极培育发展慈善和社会公益组织，鼓励并支持其依法开展募捐活动，并可协商或委托其承担相应的社会救助项目。

第二节　城市居民最低生活保障制度

一、建立城市居民最低生活保障制度的必要性

随着社会主义市场经济体制改革的不断深入，产业结构、劳动力结构和物价体系的逐步调整，由此引发的企业停产和破产、工人失业、物价上涨过快、贫富差距拉大等社会矛盾也日趋严重。城市居民最低生活保障制度正是针对这些社会问题应运而生的，其主要目的是切实保护城市居民的合法权利和基本生活权益，充分保障社会主义市场经济的健康持续发展。

建立城市居民最低生活保障制度，使城市居民的生活困难能够得到及时解决，这有利于理顺群众情绪，消除社会不安定因素；有利于化解社会矛盾，维护社会稳定；有利于促进社会公平，保障经济体制改革的顺利进行，推动国民经济的快速发展。建立城市居民最低生活保障制度，是中国政府重视和保障人民群众生存权的重大举措，它充分体现了中国共产党和各级人民政府全心全意为人民服务的根本宗旨和社会主义制度的优越性。

建立城市居民最低生活保障制度是对传统社会救济制度的改革和发展，是建立和完善城市社会保障体系的重大步骤。建立这一制度也使救济对象的概念从内涵到外延都发生了

根本变化。城市居民最低生活保障的对象，属于城市中的贫困人口群体，这部分人出于没有劳动能力或失去工作机会等原因，发生收入中断或者完全没有收入，或者虽有收入但收入微薄，以至于不能维持最起码的生活水平。任何社会都有贫困现象，即使在发达国家中，也依然有相对贫困问题，存在着需要政府和社会给予帮助的贫困群体，因此各国都建立了普遍的社会救助制度。

中国特色社会主义进入了新时代，这是中国发展新的历史方位。这个新时代，是决胜全面建成小康社会、进而全面建设社会主义现代化强国的时代，是全国各族人民团结奋斗、不断创造美好生活、逐步实现全体人民共同富裕的时代。新时代下，保障民生工作不仅是实现伟大奋斗目标的基础，更是中国各项工作的重中之重。建立城市居民最低生活保障制度作为社会保障的一项重要内容，关乎国计民生，其重要性不言而喻。

中国特色社会主义进入新时代，社会主要矛盾已经转化为人民日益增长的美好生活需要和不平衡不充分的发展之间的矛盾。中国稳定解决了十几亿人的温饱问题，总体上实现小康，不久将全面建成小康社会。同时，社会生产力水平总体上显著提高，社会生产能力在很多方面进入世界前列，更加突出的问题是发展不平衡不充分，这已经成为满足人民日益增长的美好生活需要的主要制约因素。社会主要矛盾的变化是关系全局的历史性变化，对党和国家工作提出了许多新要求。中国要在继续推动发展的基础上，着力解决好发展不平衡不充分问题，大力提升发展质量和效益，更好满足人民在经济、政治、文化、社会、生态等方面日益增长的需要，更好推动人的全面发展、社会全面进步。

党和国家要从老百姓的切身利益出发，做好保障民生和改善民生的各项工作，处理好民生领域的各项难题，不断迎接新挑战，解决新问题，为保证老百姓安居乐业而持续努力。保障和改善民生要抓住人民最关心最直接最现实的利益问题，既尽力而为，又量力而行，一件事情接着一件事情办，一年接着一年干。坚持人人尽责、人人享有，坚守底线、突出重点、完善制度、引导预期，完善公共服务体系，保障群众基本生活，不断满足人民日益增长的美好生活需要，不断促进社会公平正义，形成有效的社会治理、良好的社会秩序，使人民获得感、幸福感、安全感更加充实、更有保障、更可持续。

二、城市居民最低生活保障制度的主要内容

（一）保障对象

持有非农业户口的城市居民，凡共同生活的家庭成员人均收入低于当地城市居民最低生活保障标准的，均有从当地人民政府获得基本生活所需物质帮助的权利。

前款所称收入，是指共同生活的家庭成员的全部货币收入和实物收入，包括法定赡养人、扶养人或者抚养人应当给付的赡养费、扶养费或者抚养费，不包括优抚对象按照国家

规定享受的抚恤金、补助金。

（二）保障标准

城市居民最低生活保障标准，按照当地维持城市居民基本生活所必需的衣食、住费用，并适当考虑水电燃煤（燃气）费用以及未成年人的义务教育费用确定。直辖市、设区的市的城市居民最低生活保障标准，由市人民政府民政部门会同财政、统计、物价等部门制定，报本级人民政府批准并公布执行；县（县级市）的城市居民最低生活保障标准，由县（县级市）人民政府民政部门会同财政、统计、物价等部门制定，报本级人民政府批准并报上一级人民政府备案后公布执行。

（三）保障方式

差额保障：城市居民按规定计算家庭成员收入后，家庭月人均收入低于当地最低生活保障标准的，其无劳动能力家庭成员，可按月人均收入与当地标准的差额发给保障金；有少部分劳动能力家庭成员，按月人均收入与当地标准百分之八十的差额发给保障金；有部分劳动能力家庭成员，按月人均收入与当地标准百分之六十差额发给保障金。

定额保障：城市居民按规定计算家庭成员收入后，家庭月人均收入低于当地最低生活保障标准的，其有劳动能力家庭成员，每月发给固定数额的保障金。

临时救济制度：享受差额或定额保障的家庭，在重大节日享受由政府统筹安排的一次性临时救济金。

突发性救济：最低生活保障对象因遭受突发性灾害，不能维持基本生活时，可申请一定数额的一次性救济金。

（四）待遇申请

申请享受城市居民最低生活保障待遇，由户主向户籍所在地的街道办事处或者镇人民政府提出书面申请，并出具有关证明材料。城市居民最低生活保障待遇，由其所在地的街道办事处或者镇人民政府初审，并将有关材料和初审意见报送县级人民政府民政部门审批。

管理审批机关为审批城市居民最低生活保障待遇的需要，可以通过入户调查、邻里访问以及信函索证等方式对申请人的家庭经济状况和实际生活水平进行调查核实。申请人及有关单位、组织或者个人应当接受调查，如实提供有关情况。

（五）待遇审批

县级人民政府民政部门经审查，对符合享受城市居民最低生活保障待遇条件的家庭，应当区分下列不同情况批准其享受城市居民最低生活保障待遇：

第一，对无生活来源，无劳动能力又无法定赡养人、扶养人或者抚养人的城市居民，批准其按照当地城市居民最低生活保障标准全额享受。

第二，对尚有一定收入的城市居民，批准其按照家庭人均收入低于当地城市居民最低生活保障标准的差额享受。

县级人民政府民政部门经审查，对不符合享受城市居民最低生活保障待遇条件的，应当书面通知申请人，并说明理由。

管理审批机关应当自接到申请人提出申请之日起的三十日内办理审批手续。城市居民最低生活保障待遇由管理审批机关以货币形式按月发放，必要时也可以给付实物。

（六）资金来源

城市居民最低生活保障所需资金，由地方人民政府列入财政预算，纳入社会救济专项资金支出项目，专项管理，专款专用。

国家鼓励社会组织和个人为城市居民最低生活保障提供捐赠、资助；所提供的捐赠、资助，全部纳入当地城市居民最低生活保障资金。

三、城市居民最低生活保障制度的标准

（一）制定科学的最低生活保障标准

首先，制定科学的最低生活保障标准。最低生活保障标准的制定，必须建立在专项调查基础上，通过科学严密的测算和论证才能制定一个较为合理、可行的标准。低保标准应当涵盖衣、食、住、水电燃煤（燃气）和教育、医疗和住房等内容，同时还要考虑到通货膨胀的影响。

其次，实行分档低保标准，维护低保制度的公平与效率。由于低保对象家庭的具体情况千差万别，必须改变目前保障标准的一刀切的现象，实行分类救助。所谓"分类救助"，是指对贫困家庭的具体情况具体分析，对不同规模贫困家庭人均最低生活费制定不同标准，对不同类别的保障对象制定不同标准，尤其对有特殊需要的家庭采取的特殊政策。

（二）调整财政支出结构，广辟财源，多渠道筹集资金

各级政府要按照建立公共财政的要求，下定决心努力调整和优化财政支出结构，加大社会保障的支出力度，加大对低保资金的投入。社会救助是完全的政府责任，这是毋庸置疑的。最低生活保障资金应该在财政中占有一席之地，在整个国民收入中应占有一定比例，并与国民经济保持同步增长。

（三）拓宽就业渠道，促进再就业

稳定的就业岗位和收入来源是下岗失业人员摆脱贫困的根本途径，因而政府应采取各种措施，促进下岗失业人员的再就业。此外，对低保群体进行培训和教育，是救助与就业的切入点。因此，政府应该切实担负起责任，建立一批失业者就业培训中心，把他们组织

起来进行转业、转岗培训，增强他们在劳动力市场上的竞争能力，为他们提供更多的就业机会。

（四）加强低保管理机构建设

在街道社保所和居委会增加低保工作人员，以确保社会保障工作的顺利进行，例如在街道社保所过去设置的两人增加到现在的四至七人；同时采取各种有效途径，在街道和社区成立低保机构，配备专职工作人员，并加强对低保基层工作人员的低保业务知识培训；加快推进城市低保信息系统建设，不断提高信息化管理水平，特别在中西部落后地区。

（五）健全低保制度体系，建立医疗、教育和廉租房相关配套制度

加大对低保对象的配套救助力度，为低保人员提供教育、医疗、住房等专项救助，建立综合性低保体系。

第三节　灾害救助

一、自然灾害与灾害救助

灾害救助是国家和社会对灾后生活无着落的灾民给予生活上的救济和帮助的社会救助项目，灾害救助在整个社会救助工作中占有重要地位。

自然灾害是指因自然因素发生异常、环境遭到破坏而危及人类生存的灾害。一般分为四种类型：气象灾害，是指由大气的各种物理现象引起的灾害，如干旱洪涝、台风等；地表灾害，是指由构成地表形态的各种自然物运动变化而造成的灾害，如雪崩、滑坡、泥石流等；地质构造灾害，是指由地壳内部巨大能量的急剧释放而对人类造成的危害，如火山爆发、地震、山崩等；生物灾害，是指由自然界中的有害生物或其毒素的大量繁殖、扩散而形成的灾害，如病虫害、畜疫、烈性传染病的暴发等。这些自然灾害的存在，给人类生活造成了巨大危害和损失。

灾害救助是社会救助的重要内容之一。国家和社会为遭受自然灾害袭击而生活无着落的公民提供紧急救助，以保证公民维持最低的生活水平。灾害救助的主要工作是抢救被灾害威胁、损害的国家和公民的财产，恢复灾区的生活秩序，解决灾害对公民造成的生产、生活困难，动员社会力量支援灾区，帮助灾民重建家园。

灾害救助工作有两大特点：第一，必须在公民遭受自然灾害袭击而生活无着落时进行救助；第二，救灾所提供的资金和物质必须是急需物品并且能维持灾民最低生活水平的。

自然灾害所造成的困难一般来说是短期的又必须紧急处理解决的，所以以最快的速度向灾民进行救助，以维持灾后重建时期灾民的最低生活水平，甚至维持简单再生产，就成为自然灾害救助工作的重要内容。

中国的自然灾害救助工作的方针是："依靠集体，生产自救，互助互济，辅之以国家必要的救济和扶持。"中国政府推行救灾扶贫相结合、发放救灾款无偿有偿相结合和"有灾救灾，无灾扶贫"的办法，调动灾民生产自救的积极性，增强群众的抗灾防灾能力。在救助灾民方面，中国政府还动员各政府部门、社会团体和企业出力支援。同时，中国政府还动员基层社区救助，并接受国际组织和个人的援助。

二、我国的灾害救助体制

我国自然灾害管理的基本领导体制是：党政统一领导，部门分工负责，灾害分级管理。在灾害管理过程中，党中央、国务院统揽全局、总体指挥，地方各级党委和政府统一领导，各有关职能部门分工负责，强调地方灾害管理主体责任的落实，注重发挥中国人民解放军指战员、武警官兵、公安干警和民兵预备役部队的突击队作用。实行各级党委和政府统一领导的灾害管理体制，是我国多年成功的救灾经验，可以充分发挥我国的政治和组织优势，明确各级党政领导的责任，最有效地全面协调在辖区内的各种救灾力量和资源，形成救灾的合力。

目前，在国务院统一领导下，中央层面上设有国家减灾委员会和全国抗灾救灾综合协调办公室等机构，负责自然灾害救助的协调和组织工作。在我国自然灾害管理综合协调机制中的这些协调机构既为中央灾害管理提供决策服务，又保证了中央灾害管理的决策能够在各个部门得到及时落实。

国家减灾委员会的前身是中国国际减灾委员会，成立于20世纪80年代，历届的主任都由国务院副总理或国务委员担任，民政部部长、国务院副秘书长及外交部、发改委、科技部、商务部领导为副主任，民政部副部长为副主任兼秘书长，共有几十个部、委（单位）和总参作战部的领导担任委员，其办公室设在民政部。这是国家灾害管理的综合协调机构，主要承担研究国家减灾方针、政策和规划，协调国家有关部门，指导地方开展减灾等工作。

全国抗灾救灾综合协调办公室设在民政部，由民政部副部长担任主任，办公室的主要职责是：根据国务院的指示，承担全国的抗灾救灾综合协调工作；负责综合协调国务院系统有关部门听取受灾省份的灾情和抗灾救灾工作汇报；收集、汇总、评估、报告灾害信息、灾区需求和抗灾救灾工作意见；协调有关部门落实对灾区的支持措施；召开会商会议，分析评估灾区形势，为国务院提供抗灾救灾对策和意见；协调有关部门组成赴灾区联合工作组，协助、指导地方开展抗灾救灾工作。

民政部救灾救济司的主要工作是：拟定救灾工作的方针、政策、规章并监督实施；组织、协调救灾工作；统一发布灾情，管理、分配中央救灾款物并监督检查使用情况；组织核查灾情、慰问灾民；组织并指导救灾捐赠；承担国内外对中央政府捐赠款物的接收和分配工作；承担国家减灾委员会办公室和全国抗灾救灾综合协调办公室的工作。

三、促进社会组织参与自然灾害救助的措施

在现代社会中，"市场失灵""政府失灵"和"志愿失灵"的共存说明，在与自然灾害的斗争中，仅有市场，仅有政府，仅有社会组织都是不够的，一个健全的灾害救援体系必须同时包含这三种机制或三种力量。宏观上讲，政府、社会和社会组织都必须各尽所能，形成减灾的合力。

（一）政府要转变观念、调整职能、加快立法，改革管理体制，促进社会组织发展和能力的提高

1. 政府要转变观念，调整职能

对社会组织的态度要逐步实现"从对手到伙伴""从统治到治理"的根本性转变。吸纳社会组织等非市场力量参与公共管理和社会服务，把原来由自身包揽的社会福利服务，交给专业的社会组织来承担。近年来，很多地方政府开始探索通过购买服务的方式将一些领域的公共服务委托给社会组织来提供，如社会工作服务、养老服务、社区矫正、社区综合服务等，并提供一部分财政资金和预算外资金。这是一种积极的尝试，应适时扩大试点范围，条件成熟时全面推广。

2. 加快社会组织立法进程，为社会组织健康发展提供良好的制度环境

在宪法层面明确提出公益财产保护原则，在行政法规层面，制定体现分类监管原则和专业性的专项法规，进而制定我国社会组织发展的基本法，从而将各种类型的社会组织在总体上置于一个统一的、基本的法律框架内，明确社会组织的地位、职能、作用和组织形式等，为社会组织的运行提供规范化的依据，对社会组织的分类、登记监管、行政指导、社会监督、税收减免等各方面做出原则性的法律规定，并切实维护社会组织自主、自治及其他合法权益。

3. 形成社会组织参与救灾的制度化渠道

建议各级减灾委不仅将中国红十字会纳入，还要将社会组织以联合会的形式纳入，为社会组织提供参与的平台，解决参与渠道问题。社会组织联合会是由不同类别的 NGO 网络组成，不同类型的组织网络还可以把相关的志愿者组织吸纳进来，解决草根组织、境外NGO 组织的发展问题，降低草根组织进入的门槛，形成制度化参与渠道。

（二）社会组织苦练内功，提高自身能力，加强合作

1. 培养理念

社会组织要努力培养志愿精神、利他主义和使命感等健康的组织理念，认清使命，自

觉承担社会责任；完善内部治理机制，逐步完善理事会制度，提高管理水平和行动能力，提升社会形象和社会公信力，赢得更多的社会支持；着力加强战略管理能力、公益资源的动员和管理能力、治理能力、项目运作能力、社会公关互动能力等五方面的能力建设，而能力建设最根本的途径是建立学习型组织，主要的手段是培训、教育、交流、访问，制订和实施员工个人发展计划，自我学习、评估和反馈，参与、寻求外部建议和意见等。

2. 加强合作

社会组织要加强与政府的合作，相互之间也要加强合作。

社会组织要积极主动地与政府进行合作，与政府建立良好"伙伴关系"。在一个行政主导型社会中，政府掌握着各种稀缺资源，通过与政府合作，社会组织能够获取资金、组织体系、官方媒体、登记注册、活动许可、政府领导人、影响决策的机会等重要的政府资源。

第四节　农村社会救助

一、农村五保供养制度

农村救助制度是指国家和集体对农村中无法定扶养义务人、无劳动能力、无生活来源的老年人、残疾人、未成年人和因病、因灾，缺少劳动能力等造成生活困难的贫困对象，采取现金物质帮助、扶持生产等多种形式，以保障他们的基本生活。农村救助是农村社会保障的重要组成部分。

为了适应新形势下的新情况，各地对农村社会救助制度进行了探索和改革。其中最重要措施就是实行救济与扶贫相结合的办法。扶持农村贫困户工作，是在农村社会救济和救灾的基础上发展而来的，它是新时期我国解决贫穷问题的一个创造，也是一种积极的社会救济措施。各级民政部门对有一定劳动力和生产条件的贫困户，积极从资金、物资、技术等方面扶持他们发展多种经营，兴办扶贫经济实体，吸收有劳动能力的贫困户和残疾人就业，增加收入，脱贫致富。从 20 世纪 70 年代到 20 世纪 90 年代中期，全国农村有几千万万贫困户通过扶贫政策先后摆脱贫困。同时，对老弱病残和不具备扶持条件的贫困户，由民政部门继续给予救济，特别是在农村推广了定期定量救济的办法。

农村社会救助工作有了很大发展，但是，由于城乡经济发展的不平衡、个体家庭经济发展速度有快慢以及区域经济发展的不平衡，农村的贫困问题仍然很突出，而且出现了新变化和新情况。因此，迫切需要加强农村社会救助体系的制度建设。

让贫困人口和贫困地区同全国一道进入全面小康社会是中国共产党的庄严承诺。要动员全党全国全社会力量，坚持精准扶贫、精准脱贫，坚持中央统筹省负总责市县抓落实的工作机制，强化党政一把手负总责的责任制，坚持大扶贫格局，注重扶贫同扶志、扶智相结合，深入实施东西部扶贫协作，重点攻克深度贫困地区脱贫任务，确保中国现行标准下农村贫困人口实现脱贫，贫困县全部摘帽，解决区域性整体贫困，做到脱真贫、真脱贫。

在中华人民共和国成立之后的很长时期，国家对农村的救助工作主要是采取临时救助的形式，这种方式具有一定的随意性。从 20 世纪 80 年代以后，国家逐步扩大了农村定期救助的规模。

五保供养是指对符合规定的村民，在吃、穿、住、医、葬等方面给予生活照顾和物质帮助。

（一）五保供养的对象

五保供养的对象（以下简称五保对象）是指在村民中符合下列条件的老年人、残疾人和未成年人：①无法定扶养义务人，或者虽有法定扶养义务人，但是扶养义务人无扶养能力的；②无劳动能力的；③无生活来源的。法定扶养义务人，是指依照婚姻法规定负有扶养、抚养和赡养义务的人。

确定五保对象，应当由村民本人提出申请或者由村民小组提名，经村民委员会审核，报乡、民族乡、镇人民政府批准，发给《五保供养证书》。

五保对象具有下列情形之一的，经村民委员会审核，报乡、民族乡、镇人民政府批准，停止其五保供养，并且收回《五保供养证书》：①有了法定扶养义务人且法定扶养义务人具有扶养能力的；②重新获得生活来源的；③已满十六周岁且具有劳动能力的。

（二）五保供养的内容

五保供养的内容主要包括：①供给粮油和燃料；②供给服装、被褥等用品和零用钱；③提供符合基本条件的住房；④及时治疗疾病，对生活不能自理者有人照料；⑤妥善办理丧葬事宜。五保对象是未成年人的，还应当保障他们依法接受义务教育的权利。

五保供养的实际标准，不应低于当地村民的一般生活水平，具体标准由乡、民族乡、镇人民政府规定。

（三）资金来源及供养形式

五保供养是农村的集体福利事业。农村集体经济组织负责提供五保供养所需的经费和实物，乡、民族乡、镇人民政府负责组织实施五保供养工作。五保供养所需经费和实物，应当从村提留或者乡统筹费中列支，不得重复列支；在有集体经营项目的地方，可以从集体经营的收入、集体企业上交的利润中列支。对五保对象可以根据当地的经济条件，实行集中供养或者分散供养；具备条件的乡、民族乡、镇人民政府应当兴办敬老院，集中供养五保对象。

农村五保供养是一项政策性、原则性很强的工作，各地民政部门要进一步规范对五保供养工作的管理；五保供养对象是农村最困难的群体解决这部分人的生活问题，关系到党和政府在农村工作中的形象；各地、各部门要充分认识做好当前五保供养工作的紧迫性和重要性，加强领导，统一部署，从实践"三个代表"重要思想，落实科学发展观，维护宪法所赋予五保对象的合法权益，保持农村社会稳定的高度，认真研究解决在税费改革新形势下农村五保供养工作面临的新情况、新问题；各级民政、财政、发改委等部门要切实履行好自己的职责，把妥善解决好五保对象生活、实现五保对象"应保尽保"的工作，列为当前和今后工作的重点，进一步加大工作力度，全面提高农村五保供养工作水平。

二、农村最低生活保障制度

改革开放以来，农村经济快速发展，农民生活水平持续提高。各地在促进农村地区社会经济发展的同时，开展农村社会救助、五保供养、扶贫济困等工作，有效缓解了农村低收入居民的生活困难。为进一步完善社会保障体系，使农村社会救助工作制度化、规范化，切实保障农村低收入居民的基本生活，各地纷纷建立并实施农村居民最低生活保障制度。

农村最低生活保障制度的保障范围一般是具有农业户口、家庭年人均收入低于户籍所在区县当年农村居民最低生活保障标准的农村居民，具体包括农村五保对象、孤老烈军属等特殊优抚对象、困难户、原民政部门管理的20世纪60年代初精减退职老职工、无劳动能力的重残人员以及其他特殊生活困难人员等。

各地根据经济社会发展水平的差异，制定了不同的保障标准。保障标准的制定一般遵循既要与本地区社会经济发展水平相适应，又要考虑当地财政的承受能力；既保障低收入农村居民的基本生活，又有利于克服依赖思想、调动劳动生产积极性的原则。保障标准的制定要按照维持当地农村居民衣、食、住等基本生活需要，并适当考虑水电燃煤（柴）以及未成年人义务教育等因素，合理确定保障标准，并随着当地社会的经济发展、人民生活水平和物价指数的变化情况，适时进行调整，一般每年度调整一次。

在农村最低生活保障的申请、审批程序和保障金发放上，如申请享受农村居民最低生活保障待遇，须由申请人向户籍所在地的村委会提出书面申请，并出具有关证明材料；村委会核实申请人的家庭收入，确认其符合申请条件后填写申请表报乡镇政府审核；乡镇政府负责将有关材料和审核意见报送所在区县民政部门审批；农村居民最低生活保障待遇，一般由乡镇政府委托村委会以货币形式按月发放。

农村的低保制度一方面要多渠道筹集资金，动员社会民间组织和个人以捐赠资助等形式支持农村居民最低生活保障制度的实施，逐步建立多元化投入机制，增强保障实力；另一方面要采取多种帮扶措施，增加对农村居民最低生活保障对象的补贴，对农村低保家庭成员在就医、就学等方面给予优惠或照顾。

三、农村医疗救助制度

农村医疗救助制度是通过政府拨款和社会各界自愿捐助等多渠道筹资，对患大病农村五保户和贫困农民家庭实行医疗救助的制度。建立农村医疗救助制度，要从当地实际出发，医疗救助水平要与当地经济社会发展水平和财政支付能力相适应，确保这项制度平稳运行。农村医疗救助从最困难的贫困农民和最急需的医疗支出开始实施，并随着经济的发展逐步完善农村医疗救助制度。

（一）救助对象

第一，农村五保户，农村贫困户家庭成员。

第二，地方政府规定的其他符合条件的农村贫困农民。

（二）救助办法

第一，开展新型农村合作医疗的地区，资助医疗救助对象缴纳个人应负担的全部或部分资金，参加当地合作医疗，享受合作医疗待遇；因患大病经合作医疗补助后个人负担医疗费用过高，影响家庭基本生活的，再给予适当的医疗救助。

第二，尚未开展新型农村合作医疗的地区，对因患大病个人负担费用难以承担，影响家庭基本生活的，给予适当的医疗救助。

第三，国家规定的特种传染病救治费用，按有关规定给予补助。

（三）申请、审批程序

第一，医疗救助实行属地化管理原则，申请人（户主）向村民委员会提出书面申请，填写申请表，如实提供医疗诊断书、医疗费用收据、必要的病史材料、已参加合作医疗按规定领取的合作医疗补助凭证、社会互助帮困情况证明等，经村民代表会议评议同意后报乡镇人民政府审核。

第二，乡镇人民政府对上报的申请表和有关材料进行逐项审核，对符合医疗救助条件的上报县（市、区）民政局审批。

第三，县级人民政府民政部门对乡镇上报的有关材料进行复审核实，并及时签署审批意见；对符合医疗救助条件的家庭核准其享受医疗救助金额，对不符合医疗救助条件的，应当书面通知申请人，并说明理由。

第四，医疗救助金由乡镇人民政府发放，也可以采取社会化发放或其他发放办法。

（四）医疗救助服务

第一，已开展新型农村合作医疗的地区，由农村合作医疗定点卫生医疗机构提供医疗救助服务；未开展新型农村合作医疗的地区，由救助对象户口所在地的乡（镇）卫生院和县级医院等提供医疗救助服务。

第二，提供医疗救助服务的医疗卫生机构等应在规定范围内，按照本地合作医疗或医疗保险用药目录、诊疗项目目录及医疗服务设施目录，为医疗救助对象提供医疗服务。

第三，遇到疑难重症须转到非指定医疗卫生机构就诊时，要按当地医疗救助的有关规定办理转院手续。

第四，承担医疗救助的医疗卫生机构要完善并落实各种诊疗规范和管理制度，保证服务质量，控制医疗费用。

（五）基金的筹集和管理

各地要建立医疗救助基金，其主要通过各级财政拨款和社会各界自愿捐助等多渠道筹集。地方各级财政每年年初根据实际需要和财力情况安排医疗救助资金，并列入当年财政预算。中央财政通过专项转移支付对中西部贫困地区农民贫困家庭医疗救助给予适当支持。

医疗救助基金纳入社会保障基金财政专户。各级财政、民政部门对医疗救助基金实行专项管理，专款专用。

参考文献

[1] 陈平．人力资源经营系统 [M]．武汉：武汉大学出版社，2021．

[2] 彭良平．人力资源管理 [M]．武汉：湖北科学技术出版社，2021．

[3] 穆胜．人力资源效能 [M]．北京：机械工业出版社，2021．

[4] 张利勇，杨美蓉．人力资源管理与行政工作 [M]．长春：吉林人民出版社，2021．

[5] 彭剑锋．人力资源管理概论 [M]．3 版．上海：复旦大学出版社，2021．

[6] 郎虎，王晓燕．人力资源管理探索与实践 [M]．长春：吉林人民出版社，2021．

[7] 黄建春．人力资源管理概论 [M]．重庆：重庆大学出版社，2020．

[8] 李燕萍，李锡元．人力资源管理 [M]．3 版．武汉：武汉大学出版社，2020．

[9] 王文军．人力资源培训与开发 [M]．长春：吉林科学技术出版社，2020．

[10] 褚吉瑞，李亚杰．人力资源管理 [M]．成都：电子科技大学出版社，2020．

[11] 宋岩，彭春凤．人力资源管理 [M]．武汉：华中师范大学出版社，2020．

[12] 诸葛剑平．人力资源管理 [M]．杭州：浙江工商大学出版社，2020．

[13] 尹秀美．人力资源管理新模式 [M]．北京：中国铁道出版社，2020．

[14] 闫志宏，朱壮文．人力资源管理与企业建设 [M]．长春：吉林科学技术出版社，
2020．

[15] 许云萍．现代人力资源管理与信息化建设 [M]．长春：吉林科学技术出版社，2020．

[16] 吕惠明．人力资源管理 [M]．北京：九州出版社，2019．

[17] 祁雄，刘雪飞．人力资源管理实务 [M]．北京：北京理工大学出版社，2019．

[18] 陈锡萍，梁建业．人力资源管理实务 [M]．北京：中国商务出版社，2019．

[19] 田斌．人力资源管理 [M]．成都：西南交通大学出版社，2019．

[20] 柴勇．旅游人力资源管理 [M]．长沙：湖南大学出版社，2019．

[21] 曹科岩．人力资源管理 [M]．北京：商务印书馆，2019．

[22] 刘燕，曹会勇．人力资源管理 [M]．北京：北京理工大学出版社，2019．

[21] 蔡黛沙，袁东兵．人力资源管理 [M]．北京：国家行政学院出版社，2019．

[22] 张蕊．社会保障学概论 [M]．西安：西安交通大学出版社有限责任公司，2021．

[23] 吴伟东，吴杏思．社会保障与劳动力市场参与 [M]．天津：南开大学出版社，2021．

[24] 林卡，易龙飞．现代社会保障理论、政策与实务 [M]．武汉：华中科学技术大学出版社，2021．

[25] 张邦辉 . 社会保障 [M]. 重庆：重庆大学出版社，2020.

[26] 郑春荣 . 社会保障政策比较 [M]. 上海：复旦大学出版社，2020.

[27] 李若青，赵云合 . 城乡社会保障理论与实践 [M]. 昆明：云南大学出版社有限责任公司，2020.

[28] 赵怡，段宇波 . 社会保障与福利 [M]. 北京：中国社会出版社，2019.

[29] 罗静，张军 . 社会保障学 [M]. 沈阳：东北财经大学出版社，2019.

[30] 岳宗福，秦敏 . 劳动与社会保障法 [M]. 成都：西南交通大学出版社，2019.

[31] 丛春霞，刘晓梅 . 社会保障概论 [M]. 沈阳：东北财经大学出版社，2019.